生意不再难做

互联网+生态链重构

一言先生◎著

浙江工商大学出版社
ZHEJIANG GONGSHANG UNIVERSITY PRESS | 杭州

图书在版编目（CIP）数据

生意不再难做：互联网 + 生态链重构 / 一言先生著 .
—杭州：浙江工商大学出版社 , 2020.10
ISBN 978-7-5178-3914-9

Ⅰ . ①生… Ⅱ . ①一… Ⅲ . ①企业管理—网络营销
Ⅳ . ① F274-39

中国版本图书馆 CIP 数据核字（2020）第 101303 号

生意不再难做：互联网 + 生态链重构
SHENGYI BU ZAI NANZUO：HULIANWANG+ SHEGNTAILIAN
CHONGGOU
一言先生 著

责任编辑　谭娟娟
封面设计　新艺书文化
责任印制　包建辉
出版发行　浙江工商大学出版社
（杭州市教工路 198 号　邮政编码 310012）
（E-mail:zjgsupress@163.com）
（网址 :http://www.zjgsupress.com）
电话：0571-88904980， 88831806（传真）
排　　版　北京新生代彩印制版有限公司
印　　刷　北京晨旭印刷厂
开　　本　787mm × 1092mm　1/16
印　　张　10.5
字　　数　136 千
版 印 次　2020 年 10 月第 1 版　2020 年 10 月第 1 次印刷
书　　号　ISBN 978-7-5178-3914-9
定　　价　58.00 元

浙江工商大学出版社营销部邮购电话　0571-88904970

自序　是发现问题难，还是解决问题难？

——是发现问题有价值，还是解决问题有价值？

面对标题提出的问题，该如何回答呢？

也许有人会说：肯定是解决问题有价值！

我早年读过一个故事，大体内容是：一个工厂的机器坏了，找了无数的维修师，花了无数的钱找机构来维修，却怎么都找不到问题，最后找了一位专家。专家站在机器旁边敲敲打打，耳朵贴在机器上听了一会儿，便报价1000美元修好机器。工厂的人问他为什么这么贵，他说："机器里面的一颗螺丝坏了，换螺丝费为1美元，知道是哪颗螺丝坏了收999美元。"

看过这个小故事后，你觉得是发现问题重要还是解决问题重要呢？

许多企业经营管理者一直在四处讨教：我的企业未来应该怎么做、走向哪里？

我们寻求答案的渠道包括品牌商、同行、咨询机构、行业大牛、培训公司……

那么，这么多年来，我们的企业找到未来几年的经营管理方向了吗？

答案是没有！

我们还在重复着5年甚至10年前的经营模式！

拿经销商来说，这么多年来经销商一直沿用着典型的接单抄单模式！

比如，常见的商务接单的情况如下：

> 客户：小张（商务），有没有 ×× 货啊?
> 商务：有啊。
> 客户：多少钱啊?
> 商务：每件 98 元。
> 客户：拍张照片给我吧。
> 商务：（微信传过去一张图片）
> 客户：看不清呢，拍个视频吧。
> 商务：（微信传过去一个视频）
> 客户：有没有活动啊?
> 商务：满 10 件赠送 1 件。
> 客户：还有其他规格吗?
> ……

一个客户订货，商务80%的时间都用在与其反复沟通和确认上，而开单其实只需要几分钟。

一个老板娘曾跟我说：一个上午与客户来来回回确认了2个多小时，最后只获得2000多元的订单，感觉特别亏。

为什么你的商品有3000种，而你的客户只进货100多种呢?

很显然，就是经营模式导致的!

商务接单模式，就是客户要什么商务就给什么，但商务不能随时向客户介绍所有商品。

外勤抄单模式，就是外勤业务员每天跑15—30家门店，每家店只花10—30分钟。这是典型的抄单模式，外勤业务员根本没时间去做业务！但一个业务员每天的工作应该是陈列商品、介绍商品、铺货、把竞品比下去、预估销售额才正常。

但很明显，许多企业多年来效率低下的经营模式依然没变！

这导致厂家压力大、渠道管理扁平化在明里暗里进行；互联网订货平台（大到阿里巴巴、京东，小到一些全国订货平台及本地化的互联网平台）也在不断蚕食它们的客户。

某些经销商的转型思路是打造自己的品牌。殊不知，一脚踏进去，到处都是坑，厂家所处环境也是水深火热的，毕竟面临的是不同领域的学问。说实话，即使你非常努力地做自己的品牌，能做个三流品牌也就不得了啦！

品牌搞不了，那我们开门店吧！

可开门店遇到的问题更多：一部分原有的客户因为我们开了门店，直接离我们而去；但与此同时，我们又没有那么多的资源与精力去发掘同等体量的客户来弥补损失。

听了无数的课后，我们发现自己的运营模式还停留在10年前。

我举上述例子，是为了和大家达成共识：

发现问题在战略层级上远远比解决问题难！

本书将为大家讲述围绕问题的发现和解决形成的一套思想、一种方法、一件工具。

在我的“互联网+生态链力量”课程上，我也经常问我的企业家学员：过去，我们到处寻求方法，现在，我们找到了吗？

解决问题，也许只花几万元。

而发现问题，可能要花100万元！

这绝对不是在吹牛和危言耸听。

这是10万家企业成功的见证！

如果你准备好了，就请开始阅读吧！

目 录

第一章 解析企业三大痛 / 01

第二章 解密企业三大“生存密码” / 07

生意没有那么难做：客户经营模式 / 09

客户经营模式详解——“三个一”工程 / 12

3 天让业务员上手 / 29

为什么总是那么忙? / 45

第三章 探索企业发展的生态链共生发展之道 / 63

分析乱象的“渠道分销”玩法 / 65

不一样的 F2B2b2c，从“道”上来——生态链之“道” / 69

第四章 生态链系统搭建步骤和运营方法 / 75

生态链系统搭建步骤 / 77

生态链系统运营方法 / 78

第五章　生态链系统的组织保障——组织互联网化：办公系统 / 81

连接，从移动办公开始 / 83

企业微信基础办公 / 84

企业微信上研发商的办公应用 / 93

打造你在互联网时代的“场” / 132

企业文化四要素：愿景、目标、价值观、使命 / 140

信息化对企业文化的深化 / 144

后记　移动互联网软件选择建议 / 157

第一章

解析企业三大痛

我的“互联网+生态链力量”课程举办了45期，我也借此课程走访了几百家企业。我走访的大部分企业的“一把手”都认为，目前企业面临的三大痛是：生意难做，业务员太难培养，忙、盲、茫（见图1-1）。

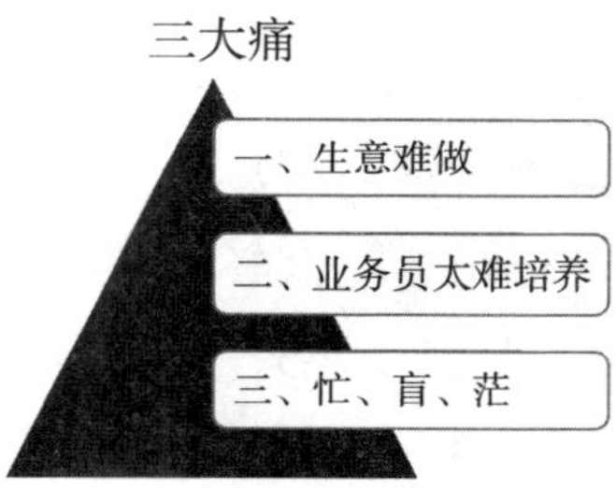

图 1-1　企业三大痛

一、生意难做

这几年的生意的确难做，原因有以下几点。

1. 互联网对企业冲击很大

第一，厂商。厂商在面对互联网时处在比较尴尬的境地。产品在网上销售，对线下经销商的冲击很大，甚至会让它们根基尽毁。有的厂商，甚至明文规定不允许各地经销商在网上销售；换个品牌或者专门找个线上品牌店销售，又由于品牌知名度、流量等因素限制，没有取得好的效果。

第二，经销商。各大互联网订货平台都携巨资抢占终端门店。经销商眼睁睁看着生意被抢走却毫无办法。大量客户流失，加之它们自身对产品和价格的话语权微乎其微，明明知道未来几年要面临洗牌局面却无能为力。铺货、压货、欠账、人员不得力、租金上涨，一系列财务问题接踵而至，最终只能被拖垮。

第三，门店。对于“90后”“00后”这两代，网上购物是第一优选，送货到家成为他们网购时默认的一项服务。有鉴于此，各大商超也纷纷推出“到家”业务，随之而来的是门店顾客实实在在地减少，门店的人气比起以前下降许多。

2. 同质化产品太多，价格透明，导致竞争压力巨大

今天没有多少人敢说自己的产品是独一无二的，价格也是最实惠的。商家开展的各种促销活动已经到了不促不销的赔本赚吆喝的地步，但无奈的是销售额还是上不去。

3. 互联网新兴品牌和新兴商业模式，让传统企业感到恐惧

互联网上的新兴品牌在促销、包装、服务等方面的运营方式令人眼花缭乱，甚至连装修、汽车维修保养这些业务，如今都可以在互联网上开展了。更可怕的是，随着生活水平的提高，人们对品牌的敏感度和黏性也不再像以前那样强。

二、业务员太难培养

企业的发展靠人，尤其需要能干的业务高手。

对于企业来说，最缺的从来不是市场，而是像样的业务员，因为一个业务员就可能撑起企业的一片天！

难招人：想尽一切办法，就是无法找到想要的人。

难培养人：好不容易招回来的人，得培训半年以上才能上手做业务。

难留人：好不容易培养起来的人，却因为公司的发展前景、薪

资、工作环境和工作模式等原因离去。在心疼这些所谓的“白眼儿狼”的同时，继续循环着招人、培养人、人离开的怪圈。

中小企业的生存力或竞争力不足，很大程度上是人才的缺乏导致的！而解决之道或许就是快速培养新人！

三、忙、盲、茫

1. 老板们忙

起得比鸡早，睡得比狗晚！

忙得身体不行了！

忙得离婚了，没时间照顾孩子，没时间照看父母！

前几年还有些钱，这几年钱也忙得赔进去了！

忙得“不回家吃饭是正常的，回家吃饭是不正常的”！

2. 业务员忙

天天在外跑，重复着低级机械的工作：拍照、陈列、抄单……一天跑几十家店，没时间开拓新客户，没时间推新品，没时间和客户谈如何上量，没时间和老板分解任务，没时间培训终端业务员，订货电话一个接一个，还要应付恼人的微信语音订货、无休止的服务电话……

3. 商务内勤忙

订货、录单、对账……一个单子要处理半个小时，明明订货开单只需要几分钟，可没有半小时到两小时根本处理不完那些事。

更要命的是，还经常不能按时下班。

员工来了又走，走了又招，离职后说不定还会成为自己的竞争对手！

忙也许不算啥，最核心的问题是，天天忙的这些事，是缠身而不得不做的事，是低能产出的事，是每天都在重复的琐事，是让人没有精力做更有意义的事的事。

出路就是：对现有的业务模式进行提升和改革，腾出精力干本职工作，做最有意义的事！

第二章

解密企业三大"生存密码"

生意没有那么难做：客户经营模式

一、客户管理三问

1. 客户为什么离我们而去？

我们经过多年研究发现，客户与企业不再合作，其理由分布是这样的：

45%：服务不好；
20%：无人关心；
15%：找到了更好的产品；
15%：找到了更好的价格；
5%：其他原因。

我们的企业要么没业务员（坐商），要么只有几个到几十个业务员（经销商或品牌商）；但是我们的客户数量，却有几百家、几千家，甚至上万家。

不是生意难做，而是如上面数据所显示的那样：45%的客户认为“服务不好”，20%的客户认为“无人关心”，是我们“太不把客户当回事了”。

越是生意难做的时候，就越是考验客户服务水平的时候，得客户者得天下，得客户经营模式者得未来！

2. 客户不满意有什么后果？

我们再来看看，对合作不满意的客户，会给我们带来什么后果：

96%：不会投诉；

91%：没有再次合作的意愿，但若能及时弥补，80%会考虑继续交易；

50%：将不满告诉另外的10—20人，被告知者中的13%将这种评价告诉另外的10—20人。

一个坏企业口碑的客户，会让他圈子里的人都离企业而去，并不断扩散再扩散！

但是，我们重视过老客户的口碑吗？我们重视过投诉的客户吗？

让投诉成为客户与我们再次牵手的契机吧！

3. 老客户的价值在哪里？

开发一个新客户，要付出比维护一个老客户多5—7倍的代价。

每年客户忠诚度降低5%，利润下降25%；

每年客户保持率增加5%，利润增加25%—85%；

向新客户推销产品成功率为15%，而老客户为50%。

根据上述数据，很多经营者是知道具体情况的，既然道理他们都懂，那他们就因此真正重视客户了吗？

经营者采取了什么措施去改善吗？

一锤子买卖的生意早该结束了，单靠货品、吃物流差价的时代早该结束了！

二、经营数据中不可思议的 2/8 原则

我们先来看一下某公司一段时间内的销售数据，如图2-1和图

2-2所示，结果发现：20%的客户贡献了我们80%的收入；20%的商品贡献了我们80%的销量。

2/8原则在这里体现得淋漓尽致！

客户销售排行榜

查询时间：2019-11-21 至 2019-11-21

往来单位：全部单位　内部职员：全部职员　部　门：全部部门　仓　库：全部仓库　商　品：全部商品　品　牌：全部品牌　销售类型 所有销售　过滤 显示所有

行号	单位编号	单位全名	销售数量	其中赠送量	折前金额	折扣金额	折后单价	折后金额	折扣单价	税后单价	税额	价税合计	销售比重(%)
1	10552017	红旗五金	1101634		168169.25	1566574.17	0.109469	120595.08	0.109469	0.109469	0	120595.08	0.16
2	10552018	东风水暖	132144	325	1100718.01	122385.59	7.403532	978332.42	7.403532	7.403532	0	978332.42	1.32
3	10552019	长江建材	862144	24	943396.01	12984.79	2.099416	930411.22	2.099416	2.099416	0	930411.22	1.25
4	10552020	新房五金店	443176	763	816420.80	98904.67	8.099156	717516.13	8.099156	8.099156	0	717516.13	0.96
5	10552052	赵哥家装	86970	1922	785937.90	102681.05	8.863360	683256.85	8.863360	8.863360	0	683256.85	0.92
6	105520452	五金水暖店	770868	625	724730.40	87999.04	7.536364	656732.36	7.536364	7.536364	0	656732.36	0.86
7	105520482	卫浴专卖	84488	2	716508.44	65007.49	1.231983	539040.99	1.231983	1.231983	0	539040.99	0.88
8	105520891	建设家园	528823	426	614312.74	75271.75	3.661988	477212.90	3.661988	3.661988	0	477212.90	0.72
9	10552457	爱家装修	147199		521800.96	44588.06	1.116823	430946.72	1.116823	1.116823	0	430946.72	0.64
10	10552698	繁业五金	427292	510	484954.44	54007.72	6.145845	443752.87	6.145845	6.145845	0	443752.87	0.58
11	10552782	李小姐（尺八）温	70120	96	473532.80	29779.93	0.965887	410663.28	0.965887	0.965887	0	410663.28	0.6
12	10552047	红星五金	459425		441546.90	30883.62	3.291837	405162.04	3.291837	3.291837	0	405162.04	0.55
13	10552258	张明家装	124752	2	462627.11	35844.79	1.110408	397925.23	1.110408	1.110408	0	397925.23	0.54
14	10552781	王哥专卖	364877	87	432296.32	34701.88	2.434545	377931.19	2.434545	2.434545	0	377931.19	0.53
15	10552365	爱家家装	60181		428720.93	54365.13	6.2799.87	407284.25	6.2799.87	6.2799.87	0	407284.25	0.51
16	10552486	爱家家装二店	394356	802	425875.54	21436.68	1.032783	393505.63	1.032783	1.032783	0	393505.63	0.55
17	10552148	大运发装饰	437833	400	410661.18	32370.24	0.898756	384686.93	0.898756	0.898756	0	384686.93	0.52
合计													

图 2-1　客户销售排行榜

商品销售排行榜

查询时间：2019-11-21 至 2019-11-21

往来单位：全部单位　内部职员：全部职员　部　门：全部部门　仓　库：全部仓库　商　品：全部商品　品　牌：全部品牌　销售类型 所有销售　过滤 显示所有

行号	商品编号	商品全名	辅助单位	销售数量	辅助销售数量	销售单价	税额	价税合计	销售比重(%)
1	1010802029	儿童用[illegible]笔机	1件=4盒=2400个	4111279	1713件79个	0.37736174	0	1551073.92	2.09
2	104061019	双头彩色荧光笔 笔记专用	1件=9盒=72支	160719	22232件1盒7支	8.2606279	0	1327628.62	1.78
3	101934011	超软橡皮擦	1件=16盒=1600个	3157994	1370件8个	0.2878075	0	876939.77	1.18
4	1010802007	中性笔替换芯	1件=20盒=2400支	1705204	1421件78支	0.32081184	0	846816.8	1.14
5	1010953009	小学生专用写字铅笔	1件=500支	2004600	400件300支	10.936881	0	630940.7	0.85
6	10402103	红蓝黑三色中性笔	1件=500支	35018	1104件20支	0.5472637	0	521895.09	0.7
7	1010307082	四联座文件夹	1件=200个	959273	416件41个	25.105692	0	525238.24	0.71
8	104320343	透明文件袋	1件=200个	16756	558件20个	0.547263	0	379203.62	0.51
9	1010307081	彩色拉链文件袋	1件=500个	732026	317件10个	0.7869024	0	400611.31	0.54
10	1010208001	订书机大号	1件=50个	498208	288件	6.1869024	0	391927.32	0.53
11	104061016	彩色[illegible]尾夹中号	1件=20盒=2000个	61317	567件1盒150个	37.35575	0	379282.07	0.51
12	104320344	圆型金属镂空笔筒	1件=50个	10000	416件20个	24.605297	0	336950.49	0.45
13	103420199	办公用计算器便携小号	1件=10个	14838	412件	10.5021175	0	322188.09	0.43
14	104320015	便利贴彩色N次贴	1件=10盒=1000个	33807	704件50个	0.2781629	0	315777.94	0.42
15	1010934002	简历文件夹	1件=4盒=200个	1263952	548件30个	2.58591629	0	351504.03	0.47
16	10403001	彩色[illegible]尾夹小号	1件=20盒=2000个	127329	1178件300个	11.504422	0	329258.58	0.44
17	104061030	不干胶自粘性标签贴	1件=100盒=1000	28294	392件50盒	6.196349	0	325516.72	0.44
								285193.18	
合计									

图 2-2　商品销售排行榜

但我还是有疑问：

80%的客户真的都是小客户且只能贡献20%的收入吗？

80%的商品才贡献20%的收入，难道这些商品真的就只能贡献这么点吗？

你的经营是否存在这样的情况：

商务内勤只是机械地被动接单，久而久之他们都不会推销了；

业务外勤只是机械地抄单，“缺什么货补什么货”，久而久之他们也不会主动给客户推销了；

你的展厅和仓库里躺着几百甚至几千种单品，但为什么客户只进几十种呢？

如果不止一次遇到这些情况，那么很显然，你的经营模式已经落后了。你需要从落后的“接单抄单模式”转向深度分析客户、深度经营客户的“客户经营模式”！

客户经营模式详解——“三个一”工程

一、一个模型：5 层“客户金字塔”模型

我在走访客户和在“互联网+生态链力量”课堂授课时，我们几十个渠道经理、全国上千家管家婆代理商在服务客户以及帮助企业做客户分析时，都发现：许多企业老板压根不清楚自己客户的详细情况到底是怎么样的。

假设你是，或者你就是一位老板，现在，请你拿出一支笔和一张纸，也可以在本书上直接写下答案。

首先，请思考：

对企业的客户，我们需要经营到什么样的管理&进货水准才算最佳？

（在阅读下面文字前，请先写下你的答案）

写好答案后，请继续回答如下问题：

问题1：企业经营这么多年，与我们发生过交易的客户有____家。

问题2：填写图2-3中金字塔的内容。

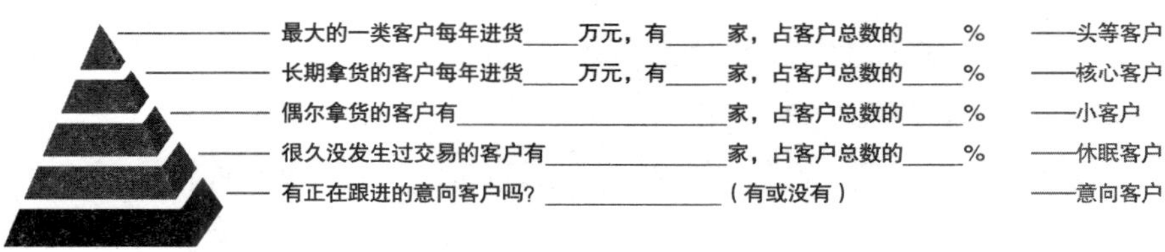

图 2-3　“客户金字塔”客户占比模型

填写完后，拿一家体育用品经销商的数据来做典型，我们会发现，我们的“客户金字塔”是这样的，如图2-4所示。

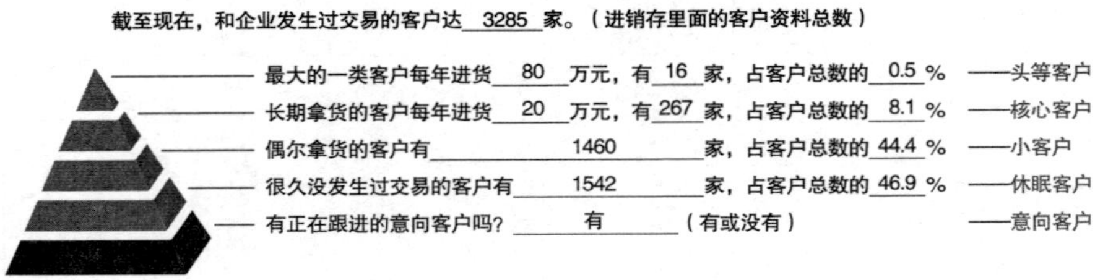

图 2-4 某经销商“客户金字塔”客户占比模型

该案例的数据非常有代表性，几乎90%以上的企业都是这现状。这里顺便给大家介绍一下图中的用户分类（见图2-5）。

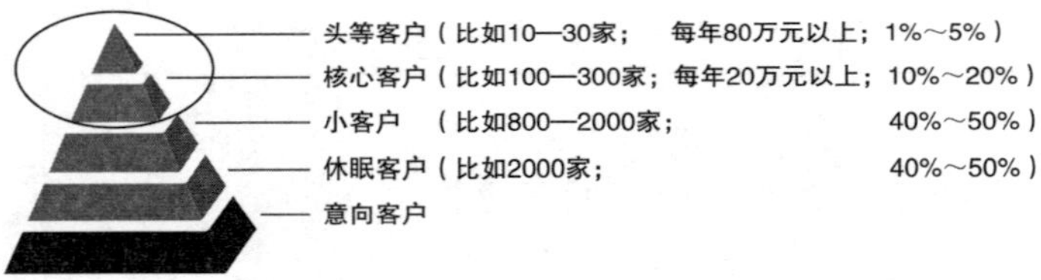

图 2-5 “客户金字塔”模型

头等客户：头等客户在管理上俗称“头部客户”，就是那种和公司合作很到位，你让卖什么商品就卖什么商品，该卖的商品都卖的客户。这类客户一般占比为1%—5%。

核心客户：核心客户俗称“腰部客户”，就是那种同类产品主卖我们的，但是只卖我们几个核心商品的客户。这类客户一般占比为10%—15%。

小客户：小客户属于那种“不忠诚客户”。这类客户占比可达到40%以上。

休眠客户：休眠客户就是不再合作的客户。你会惊讶地发现，这类客户占比高达40%，甚至更多。

意向客户：意向客户就是企业正在跟进的、有意向合作的客户。

看到这些数据，大家觉得惊讶吗？

参加过我的“互联网+生态链力量”课程的老板，没有一个不为该“客户金字塔”中各类客户的占比感到惊讶的，他们觉得更惊讶的是：竟然高达40%以上的客户处于休眠状态，即零交易。

希望作为企业老板的你，看到这点之后，能打开公司的进销存软件，画出自己的“客户金字塔”模型。

请再思考一下：我们平常是不是只关心头等客户和核心客户？

我们发现：内勤、外勤业务员，基本上只能关心占比不到20%的头等客户和核心客户。

那么，占比高达80%甚至更高的小客户和休眠客户要不要跟进，以及该不该跟进呢？

我相信大家的答案都是一致的：必须跟进！

但是，精力不够怎么办？

是的，几个业务员要管几千家客户，复杂的生态链上有那么多客户（见图2-6），怎么管得过来呢？

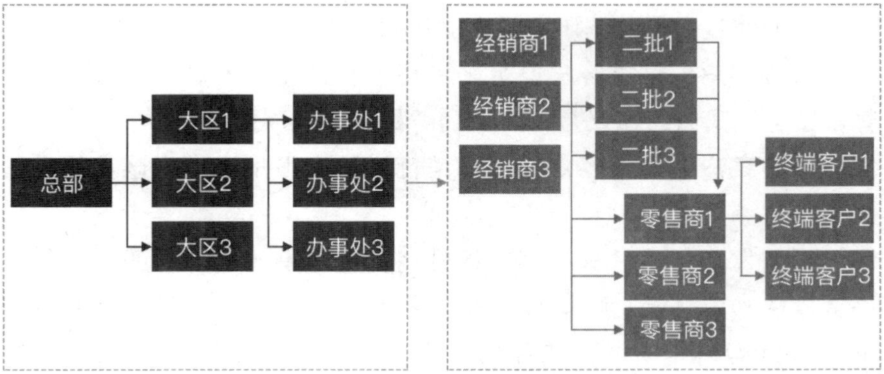

图 2-6　生态链上的分销架构

我们继续分析一下：是每年从你这里进货5万元的客户规模大还是每年从你这里进货20万元的客户规模大呢？

很多人会说，当然20万元的大！

其实不然，也许从你这里进货5万元的客户，从你的对手那里进货80万元呢？该客户的规模可能比你想象的要大！

我们更应该思考一个问题：为什么有那么多的休眠客户？

是我们服务不好、无人关心它们，导致其离开我们的吗？

可悲的是，我们根本不知道是什么原因！

要知道，高达40%的休眠客户中，起码有20%是可以拉回来的！

但遗憾的是，面对这40%的小客户及40%的休眠客户，企业中的大多数人选择了视而不见！

因为我们给了自己一些冠冕堂皇的理由：2/8原则，精力不够。

但仔细观察你会发现，有些厉害的业务员是“大小通吃”的，他们能不断地把偶尔拿货的客户变成核心客户，同时，不断地把流失的客户找回来，与之再次发生交易！

现在，让我们回到最初的问题：

对企业的客户，我们需要经营到什么样的管理&进货水准才算最佳？

我们经过大量的调研，得出这样的结论：

头等客户：这类客户要带来销售增长是比较困难的，不下滑就算不错了，我们的建议是努力做到“稳中有升”即可。

核心客户：这类客户要带来销售增长有困难吗？应该从哪里增长呢？

我们发现，通过核心客户提升销售额还是比较容易的，比如年进货量达20多万元，平均每月进货量在2万元左右，要达到每月进货量3万元其实很容易，最直接的方法就是增加进货品类。这类客户一般只拿畅销品，所以应该让它们尽可能地把能卖的货品都铺上。这样算来，核心客户就可以带来起码50%的销售额增长。

小客户：这类客户一般分为两类。一是本身就比较小。二是本身其实不小，只是偶尔进货一次，我们要做的是让它们“从偶尔进货变成经常进货”。这类客户中有很大一部分是我们关心和服务不到位的，且对我们来说是小客户，但也许是对手的核心客户或头等客户。此类客户数量巨大，占比高达40%，我们不能忽视！

休眠客户：这类客户是我们好不容易获得的，但我们总会在不经意间失去它们。对于休眠客户，我们需要激活它们并再次与之发生交易。此类客户数量巨大，占比高达40%！

意向客户：这类客户就不必多说了，该拿下时我们需要及时拿下！

总结起来，“客户金字塔”模型给大家指明的努力目标（见图2-7）就是：

头等客户：稳中有升；

核心客户：增加进货品类，实现50%的销售额增长；

小客户：从偶尔进货变成经常进货，销售额翻倍；

休眠客户：激活它们并开始再次合作，销售额提升数倍；

意向客户：及时跟进，拿下。

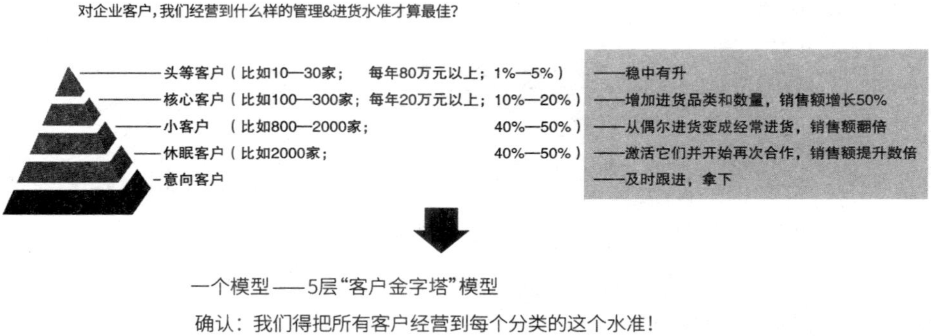

图 2-7　各类客户的理想经营状态

企业经营这么多年，我们是否达到了这样的水准？

请大家记住这个“5层‘客户金字塔’模型”，它代表了企业经营最理想的状态，是我们今后努力的方向。

二、一张表：如何做到“该进货时盯死到位”

一个业务员一般要管几十甚至上百家客户，要如何做到“该进货时盯死到位”，以及“该跟进时跟进到位”呢？

不跟进客户肯定是不行的，但按照固定的线路走，我们会发现，这么多年来，一直是这个套路，问题就在于占比高达80%的客户的贡献并不多。

那么，应该如何做才能让业绩呈现出“5层‘客户金字塔’模型”这一理想经营状态呢？

这就需要一套方法。

1. 对客户进行分级分类

对不同类型的客户，我们所花的精力也应不一样。比如：

头等客户：必须3天联系一次，可以记录为“头等客户（3天）”。

核心客户：必须15天联系一次，可以记录为“核心客户（15天）”。

小客户：至少30天联系一次，可以记录为“小客户（30天）”。

休眠客户：其中最起码有20%的好客户，60天或者90天联系一次是可以的，可以记录为“休眠客户（60天）”。

意向客户：需要及时跟进，比如15天联系一次，可以记录为“意向客户（15天）”。

简化之后就是：

头等客户（3天）；
核心客户（15天）；
小客户（30天）；
休眠客户（60天）；
意向客户（15天）。

补充：客户分级分类的方法

方法1：按狭义和广义分，比如：供应商、客户、合作伙伴、竞争对手。

方法2：按客户生命周期分，比如：目标客户、意向客户、成交客户、流失客户。

方法3：按客户价值分，比如：钻石客户、铂金客户、金牌客户、银牌客户、普通客户、低质客户。

方法4：按联系频率分，比如：3天联系一次、15天联系一次。

方法5：按产品事业部分，比如：管家婆事业部、指掌天下事业部。

我们可以综合以上5类客户分级分类的方法，得出企业的标准客户分级分类。

对客户进行分级分类的好处包括：统一客户分类视图，让业务员知道自己面对的是什么类型的客户，对每种类型的客户要花多少精力。

但请大家记住一句话：不在蚊子腿上刮油，不在苍蝇身上寻宝！

2. 进行客户分析

我们需要通过“业务员三大行为数据”和“客户八大交易数据”进行客户分析（见图2-8），知道到底哪些客户“该联系”，避免该联系的未联系！

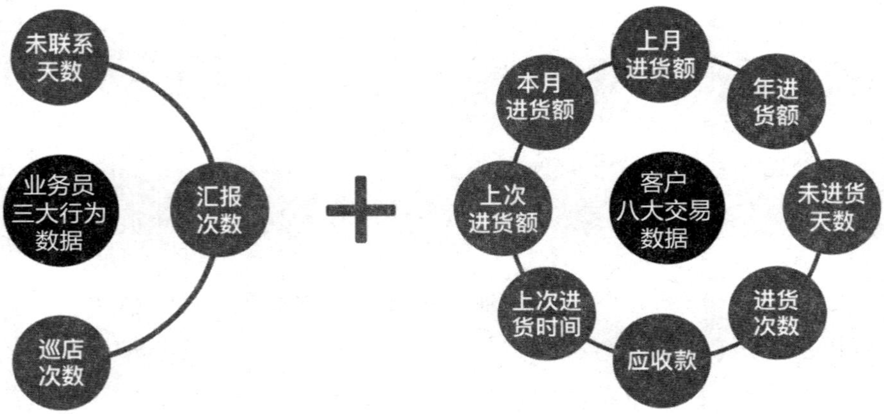

图 2-8　“业务员三大行为数据”和“客户八大交易数据”

我们详细通过“一张表”来解读每个“数据”的意义。

第一，根据客户分类，设置联系频率，如图2-9所示。

图 2-9　按客户分类，设置联系频率

第二，未联系天数。

通过对比客户分级分类“应联系天数”和实际的“未联系天数”，我们发现，0天表示刚联系，有超期的，有属于正常范围的。夸张的是，你会发现，还有很多客户业务员压根没有联系过，如图2-10所示。

图 2-10　联系频率数据对比

第三，年进货金额。

比如核心客户这一模块，有些核心客户每年的进货金额（即系统中的“交易金额”）都在20万元以上，那么其今年的进货金额正不正常？如图2-11所示。

图 2-11　年进货金额分析

第四，上月及本月进货金额。

通过这两个数据，我们能快速判断出客户最近的进货是否正常，具体如图2-12所示。

图 2-12　上月及本月进货金额分析

第五，上次进货金额。

比如一个客户，正常的进货金额是每月2万元，但上次的进货金额近5万元，需要对比说明原因，具体如图2-13所示。

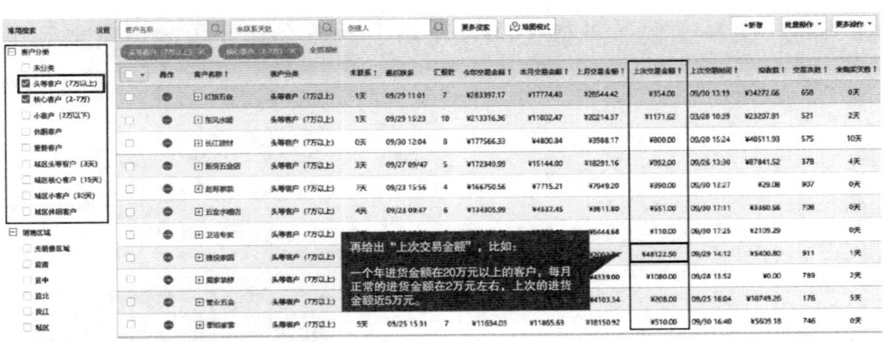

图 2-13　上次进货金额分析

第六，上次进货时间。

也许这个客户上次的进货金额在5万元左右，但它已经有半年以上没进货了，如图2-14所示。

图 2-14　上次进货时间分析

第七，应收款、进货次数、巡店次数、汇报次数、未进货天数等。

我们根据应收款、进货次数、巡店次数等数据得出如图2-15所示的客户跟进模型逻辑思路。

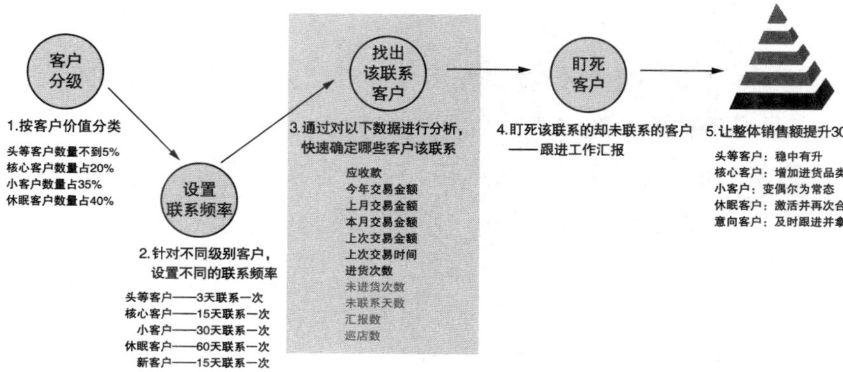

图 2-15　客户跟进模型逻辑思路

通过这张表，我们就能快速判断出哪些客户该联系，以及哪些客户的情况正常或异常。

这张表是一张“作战地图”，通过这张表，业务员可以根据自己的业务情况卡死联系频率，对每一类客户进行地毯式排查，做到不漏掉任何一个客户，合理分配精力，最终，形成我们想要的“5层‘客户金字塔’模型”。

三、一个跟进：客户回访或拜访

客户跟进，核心是要跟进！

因此，上下级的客户跟进管理，是落地环节最重要的动作！

借助移动互联技术，我们甚至可以做到“轨迹跟踪”。

下面我们结合作为企业微信行业内第一个客户关系管理系统（CRM）的指掌天下的业务员行为系统进行解释说明。

班长不汇报，连长咋知道？甚至内勤或者业务员联系或拜访客户后，也应该做一个汇报。

员工做汇报：要像发朋友圈一样。

有照片：只能现场拍摄，避免作假。

有定位：自动获取当前地址，不能更改，避免作假，如图2-16所示。

上级查汇报，也要像看朋友圈一样看“文字+图片+轨迹”，员工工作量是否饱和一目了然。如图2-17所示。

有的公司针对外勤业务员巡店，有可能有更多的要求，比如：

（1）拍照，内容包括门头、陈列、堆头、海报、竞品。

（2）盘库、开单、收款、退货。

（3）写巡店总结等。

（4）确定巡店线路、巡店计划等。

图 2-16　员工的工作汇报

图 2-17　上级查汇报

图2-18是我们基于企业微信研发的智能巡店的实例截图，供大家参考。

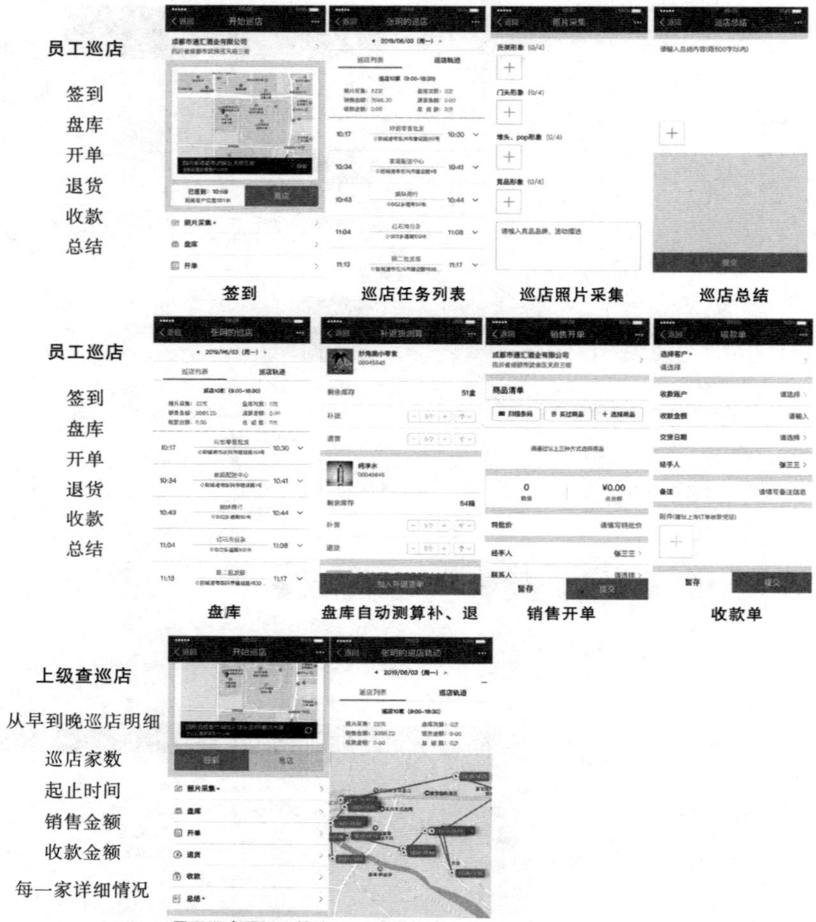

图 2-18　智能巡店

有了巡店或汇报的数据后，软件会自动生成“未联系天数”“汇报次数”“巡店次数”这3个行为数据，再结合客户八大交易数据形成前述的“一张表”，帮助业务员判断“该联系的有没有联系”，避免该联系的未联系。

总之，生意难做是事实！

通过分析客户流失原因，我们发现，高达45%的客户认为“服务不好”，20%的客户认为“无人关心”。

基于这样的现实，企业如何做，才能让“生意不再难做”呢？

我们提出了以“‘三个一’工程”为特征的客户经营模式，让企业从浅层的业务管理走向深度的销售团队管理和客户管理，即从传统的“接单抄单模式”走向“客户经营模式”。

通过“三个一”工程：一个模型（5层“客户金字塔”模型）进行客户标准化分级分类，并制定针对不同类型客户的联系频率；一张表（CRM客户分析表）找出该联系的客户，盯死到位，避免该联系的未联系；一个跟进汇报或巡店，做到该跟进时跟进到位，打造“客户经营模式”。

面对激烈的竞争，我们不应该只停留在传统的“接单抄单模式”上，而应走向“客户经营模式”，即深度分析客户：当前进货水平如何；已经在卖什么产品；还可以卖哪些产品；如何降低竞品销售额；如何做促销；应该达到多少销量再采取相应的动作；等等。

一句话就是：该跟进时，跟进到位（见图2-19）。

不管外界怎么变，唯一不变的就是
——把客户锁在自己身边，深度分析和经营客户

图 2-19　客户经营模式分三步走

案例：某企业使用客户经营模式反馈

通过启动回访计划，我们过去3个月每个月的销售额都增长了30%。

通过深度经营客户，我们让10%的小客户成了核心客户，重新捡回200多家休眠客户。

我们要是早一点知道这套客户经营模式就好了，未来几年，必须接着上！

通过这套模式的学习和软件的使用，我们建立了标准化的业务管理模式，上级知道管什么、怎么管、管到什么程度，下级知道做什么、怎么做、做到什么程度。作为管家婆的老用户，我们很幸运。10多年来，管家婆帮助我们管好了账，现在指掌天下这套业务员和客户管理模式，又让我们的客户资料都沉淀下来了，不再像以前那样只有一个姓名和手机号码的简单记录。接下来，我们可以在客户中推广更多的产品了。谢谢指掌天下，谢谢一言先生！

这是一个模式！

这是一个渠道业务跟进的管理模式！

这是一个标准化、快准狠、可复制的用于业务跟进的管理模式！

这是一个让我们的生意不再难做的运营模式，也是企业未来发展需要具备的标准化运营模式！

这是一个知道比做到更值钱的模式！

3 天让业务员上手

导致生意难做的压在企业头上的第二座大山，就是“业务员太难培养”。

为什么业务员难培养成为第二大问题呢？

这也不难理解，业务员难培养造成上手难，这是企业“生意难做”的最直接原因之一！

有句格言说得好：“没有步兵的胜利，就没有战争的成功。”因此，快速培养出业务员，就是企业生意不再难做的一大助推器。

有人说培养业务员起码要2年，有人说起码要半年，有人说起码要3个月。

缺人，是大家遇到的普遍问题！

为什么业务员难培养呢？

我们发现，业务员做业务存在3个核心问题：

第一，不懂客情；第二，不懂产品，即不懂行；第三，不知道怎么开展工作。

一、不用了解客情：3 天让业务员上手

一个老业务员，手里往往有几百家老客户。如果一个新人接手他的工作，仅是一个老客户的情况，他就要跑好几次才会知道个大概，比如：该客户公司的营业额是多少、关键人是谁、关键人的性格是什么样的、产品平时怎样报价、股东背景如何、连锁店数量有多少、竞品对象有哪些、主要卖我们什么货、主要商圈在哪里、还可以卖什么货、每月销量是多少、有哪些下游客户、我们和该客户公司的关系如何、费用报销情况如何、任务多少、返点情况等等。

几百家客户在手里，想要了解客户，没有几个月是很难做到的。所以新业务员接手老业务员的工作，一直都是一个大问题！

学会以下四招，你将“不用了解客情”！

1. 利用软件的分级分类功能，业务员就能知道有哪些类型和级别的客户，以及每一类客户需要花多少精力经营

如按客户级别确定联系频率（见图2-20）：

头等客户：3天联系一次；

核心客户：7天联系一次；

小客户：30天联系一次；

休眠客户：60天联系一次；

意向客户：15天联系一次。

图 2-20　客户分级分类归档

员工接手工作后，打开电脑进入系统，就很清楚公司有哪些客户、客户类型，以及每类客户需要花多少精力经营。

2. 知道要掌握哪些客户要素或客户资料

很多公司经常遇到这样的情况：一个新业务员拜访客户企业回来后，上级领导问他客户情况，他一问三不知。比如下面的对话：

客户公司有多少人？——不知道。

客户公司有多少门店？——没问。

见你的是什么人？——他没说，不过看起来像老板。

客户公司有几个股东？——不知道。

客户公司的进货谁说了算？——不知道。

客户公司的主营业务是什么？——不知道。

我们有哪些竞争对手？——没问，或没仔细看。

客户公司的销售额一年有多少？——没问。

客户公司现在对我们的产品最关心的是什么？——不知道。

……

我带销售团队多年，此类现象见过太多，实在是太普遍了！

但这一情况是什么原因导致的？

是因为企业没有对“客户画像”的认识，更没有梳理过企业自身的客户画像的元素，所以新员工一阵瞎抓，本该捞鱼却成了“抓虾”！

熟悉客户画像指的是业务员要知道“靶心”客户有哪些，也就是要掌握各种客户要素。很多企业都没有识别客户画像的元素，因此新人来了后，只能靠口口相传，师傅带徒弟。于是，“人带人，累死人”现象的出现就很正常，“一代不如一代”也成为顺理成章的结果。

下面两种方法，可以让员工掌握客户画像，从而找到“靶心”客户。

方法1：整理出公司的客户画像元素（见图2-21），然后对业务员进行培训，让其将所有元素烂熟于心。

在我们走访的大量客户企业中，几乎没有一家企业的业务高手和老板能熟练完整地列出自己公司的客户画像元素。这说明企业的经营管理存在巨大漏洞！

只知道客户是什么情况即客户画像，是远远不够的，还需要掌握客户的核心需求及战略需求是什么。

方法2：根据整理的客户画像，形成一张针对业务员所拜访的客户的调研表，业务员只要填完表就可以了，根本不用记。我们通过企业微信上的CRM（客户关系管理），能够自定义各种带客户画像的客户调研表，业务员填完表，客户资料也就录入完毕。

图 2-21　熟练掌握客户要素

比如一个快消品业务员，出门拜访客户时一个标准动作应该是通过CRM填写客户调研情况。其间需要知道但不限于如下这些信息：

公司营业额、关键人、关键人的性格、产品平时报价、股东背景、连锁店数量、竞品对象、主要卖什么货、当地商圈、还可以卖什么货、每月销量、下游客户名单、与客户公司的关系、费用报销情况、员工工作任务、返点情况……

依据这些信息，设置一张客户调研表，业务员拿出手机，打开企业微信CRM，挨个儿填写就行了！

有些信息客户不愿意告诉你，但如果你是业务高手，通过自己的话术技巧，是可以了解到的。企业根据客户画像调研表，整理出话术应对技巧，并对业务员进行培训，这样，新业务员就能很快掌握业务技巧了！

指掌天下软件，可以提供完全自定义、各式各样的汇报表（见图2-22）。基于这些汇报表，业务员录入客户资料，便能够了解客户的详细情况、联系人的详细情况。这样业务员就可以做到“不见面就知道客户情况”了。

图 2-22　客户要素汇报表

大家试着想一下：一个业务员负责一个区域内几十甚至上百家老客户，如果公司有了资料详细的的客户档案，新人很快就能了解客户情况。如果没有详细记录，新人要靠师傅带或者自己了解，才能上手，会慢很多倍！对于以老客户为主或者以渠道为主的公司来说，画好客户画像，做好以客户画像为基础的客户档案记录工作就显得尤为重要。

3. 了解客户的历史交易情况

了解一个客户，就必须知道与它有关的历史交易数据，比如年进货额、上月进货额、本月进货额、上次进货额、上次进货时间、近期的进货次数、应收款、未进货天数等。

而这些数据，一般只有进销存软件里面才会有，业务员很难及时获取这些数据。但即使是进销存软件，也不能及时给出业务员想要的所有数据。

图 2-23　客户详情

指掌天下生态链系统的CRM板块，根据这一需求进行设计，让员工随时随地掌握客户的历史交易数据，帮助业务员全面了解客户情况。图2-23中呈现的就是一个典型例子。

4. 掌握客户的历史交往情况

历史交往，指的是公司各部门的人与该客户的历史交往记录。

拜访记录、巡店情况、服务回访、历史承诺、遗留问题、正在发生的跟单、各类审批，甚至客户所带的客户资源都可以算进去。

指掌天下软件能将公司与客户发生交往的“售前—售中—售后”等流程全部记录下来，真正做到不见面也能知道客户情况，离职不用交接，新人直接接手（见图2-24）。

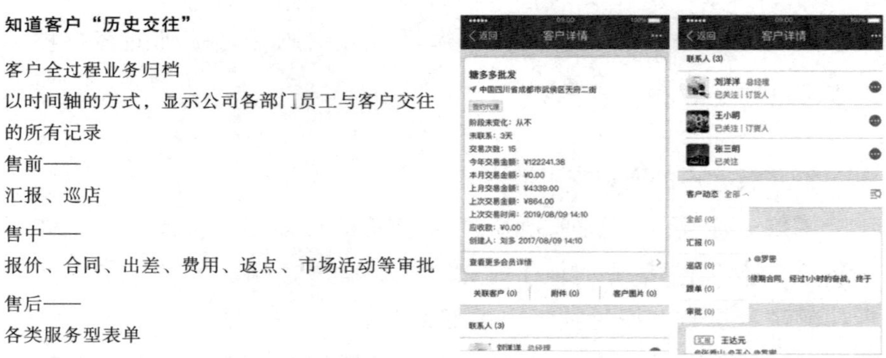

图 2-24　掌握客户的历史交往情况

二、不用掌握产品：3 天让业务员上手

业务员业务难上手，还有一个核心原因就是掌握不了产品！

对于那些商品存货单元（SKU）比较多的企业，业务员很难在短时间内掌握全部的品牌、品名、规格、包装、价格、属性、产品介绍信息。即使是老板和公司最优秀的业务员，也没有办法详尽掌握公司每一款产品。

实际上我们不需要把这些信息全部装进自己的脑袋，只需搭建公司的网上商城，把商品的详细资料准备好，建立起公司的产品资料库，用“文字+图片”的形式详细阐述产品特性，把产品原材料、产品剖面、产品使用场景、产品功效、与对手的区别等统统详细展示出来即可，让客户自行选择。

如图2-25所示，没有比这更详细的产品介绍了！

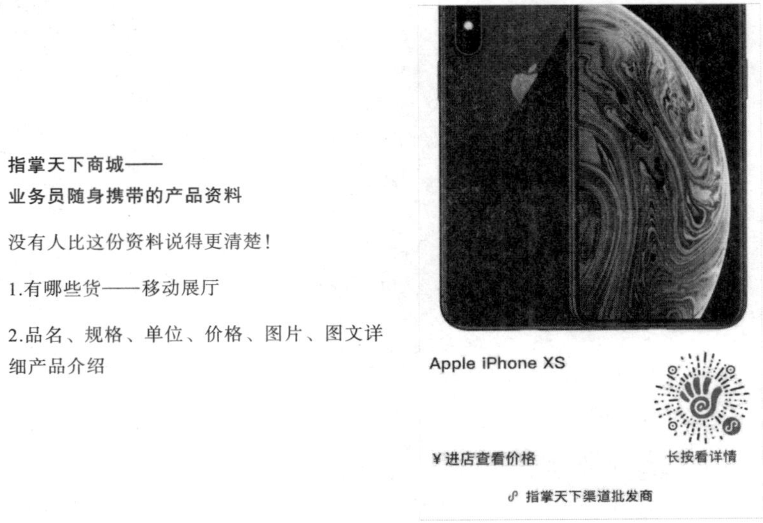

图 2-25　产品“移动展厅”

借助这个商城，我们把已售商品、库存商品，甚至没有货但想销售的商品信息，都给了业务员。该商城为业务员赋能，成为业务员“别在裤腰带上”的销售神器，建立了公司的“移动展厅”。大家也可以用微信扫描一下图2-25中产品图片上的“小程序码”看看效果。

我们相信没有其他任何一家公司能够将产品介绍得如此详细！我们也顺便省下印刷资料的成本了！

具备条件的企业还可以购买我们用微信小程序设计的“智能名片”，如图2-26所示。

图 2–26　智能名片实例

企业可以选择图2-26中的智能名片，该智能名片在客户端展示如下内容：

（1）公司形象照片或个人名片。

（2）公司介绍。

（3）主营业务介绍。

（4）产品库。

（5）公司动态。

智能名片自带人工智能雷达，可捕捉访客的访问轨迹，一旦访客来了，雷达就会进行消息提醒（见图2-27）。

雷达场景1：

访客来了，立马进行消息提醒，立即获取微信头像、昵称、手机

雷达场景2：

访客又来了，历史访问动作一目了然

图 2–27　智能名片的应用场景

三、知道怎么开展工作：3 天让业务员上手

业务员掌握了客情和产品情况后，接下来的重要工作就是开展工作。怎么开展呢？

我们发现，一个新业务员，经常不知道该做什么，也不知道怎么做，更不知道应该做到什么程度，在面对自己无法处理的情况时显得束手无策。

如果你对前面的内容有印象，那么其实你已经手握答案。

我们围绕“如何开展工作”的问题，理理思路。下面为大家提供几条策略。

1. 知道哪些客户该跟进

由图2-28我们可以看到，通过各项数据，一个业务员可以对几十甚至上百家客户做到“该进货时，盯死到位”。

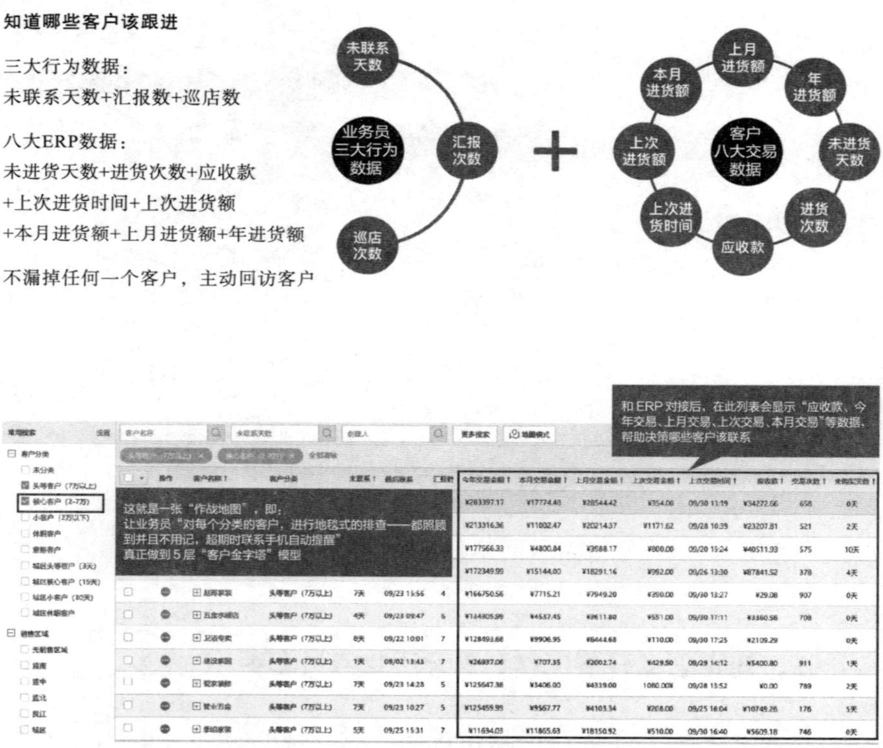

图 2-28 客户跟进场景

2. 知道应了解客户哪些要素以及怎么汇报

在指掌天下生态链系统的CRM模块里，我们针对不同的岗位设置了不同的汇报模板（见图2-29），比如月目标表、周报表、日报表、客户调研表、客户拜访表等，员工只要根据公司的要求填报即可汇报，比如：

（1）每月，要填写月目标表。

（2）每周，要填写周报表。

（3）拜访客户时，需要填写客户拜访表。

图 2-29　巧用汇报模板

（4）初次见客户，需要填写客户调研表。

（5）服务客户时，需要填写客户服务表。

……

3. 知道怎么巡店

首先，如果有巡店路线，那么按照公司的巡店路线，去完成对每一家客户的巡店；其次，按照标准化动作完成巡店。利用指掌天下制定巡店策略如图2-30所示。

图 2-30　制定巡店策略

4. 知道超出权限时如何走审批流程

遇到超出自己权限范围的事情时，知道如何走审批流程（见图 2-31）。

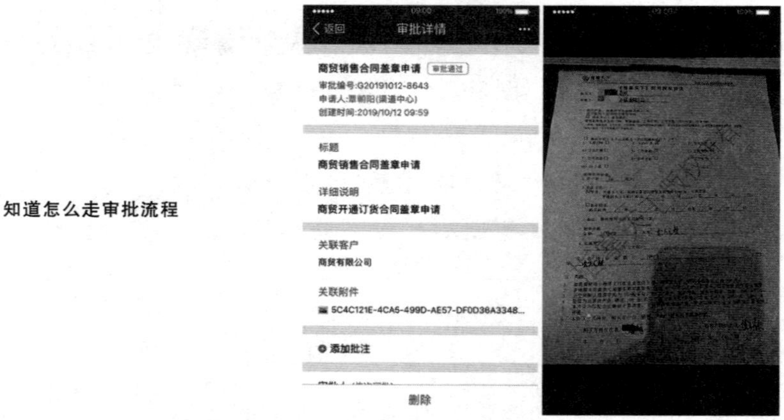

图 2-31　指掌天下协助完成审批流程

5. 知道对意向客户按照什么样的步骤步步推进

当有了多个业务员时，对意向客户的跟进、管理和分配就成了一个让人头痛的问题。

我们可以分三步走。

第一步，自定义销售跟单阶段。

我们把与一个客户从接触到成交的过程，分成若干个阶段，每个阶段对应不同的成交概率。

这样我们的业务员就很清楚，一个单子各个阶段的客户数量、成交金额会是多少，这样就把复杂的跟单过程量化成了若干个可识别的阶段。

第二步，制定每个跟单阶段的三个要素。

业务员一般都不清楚这一步该怎么办。

一套科学的销售跟单思路是：

制定每个跟单阶段的节点达标标准、风险点、风险控制动作。

如表2-1所示。

表 2-1　跟单阶段三要素

销售阶段	达标标准	风险点	风险控制动作
10%——获取线索			
30%——产生意向			
50%——需求确认			
70%——合同洽谈			
100%——成交			

第三步，软件固化。

这是大部分CRM软件具备的商机管理功能！

业务员要填写每一个意向客户跟单，详细填写该客户的基本情况、需求情况、单子进展到哪个跟单节点。如图2-32所示。

这样，业务员就能分清自己手上单子的“轻重缓急”，实现自我管理，上级也对所有业务员的跟单进展情况一目了然。

需要注意，此时我们还要做到“该跟进时及时跟进”，要提升跟单效率。

图 2-32 对意向客户的步步推进

6. 知道怎么给客户报价

报价是一门学问，报低了会造成公司亏、提成少，报高了会得罪甚至失去客户。

对大部分商品数量多、客户数量多、价格制定不规范的公司来说，给客户报价全凭业务员“看客报价”，只有“懂行”的业务员，才能熟练驾驭报价。

指掌天下的报价系统如图2-33所示。

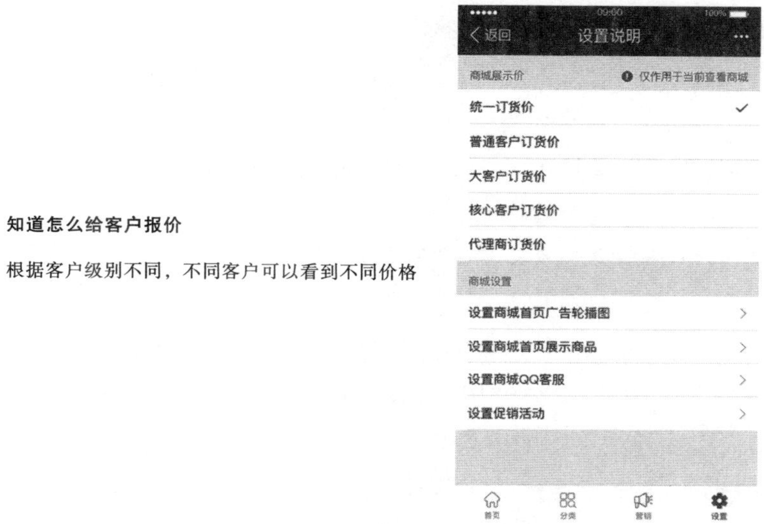

图 2-33　给客户报价的依据

指掌天下生态链系统里的“商城”，有两种方式给客户报价：

针对老客户，我们根据进销存里面的“上次交易价”，可以即时获取报价。

针对新客户，我们根据客户的级别，可以立即生成公司针对该级别客户的价格体系，将所有商品对应的价格级别呈现给客户。

总的来说，我们可以从3个层面着手，让业务员快速上手。

首先，不用了解客情。

第一招，利用软件的分级分类功能，业务员就能知道有哪些类型和级别的客户，以及每一类客户要花多少精力经营。

第二招，知道要掌握哪些客户要素。

第三招，了解客户的历史交易情况。

第四招，掌握客户的历史交往情况。

其次，不用掌握产品。

建立公司的“产品移动展厅”。

最后，知道怎么开展工作。

第一招，知道哪些客户该跟进。

第二招，知道应了解客户哪些要素以及怎么汇报。

第三招，知道怎么巡店。

第四招，知道超出权限时如何走审批流程。

第五招，知道对意向客户按照什么样的步骤步步推进。

第六招，知道怎么给客户报价。

本节为大家介绍了指掌天下生态链系统里“流水线生产业务员”的思路。大量客户使用我们的系统，参照我们的方法，真正取得了3天让业务员上手的效果！

根据“客户经营模式”盯死客户，许多业务员的业绩快速提升30%以上。许多业务员离职时甚至不用交接，就可以把这套模式传递下去（见图2-34）！

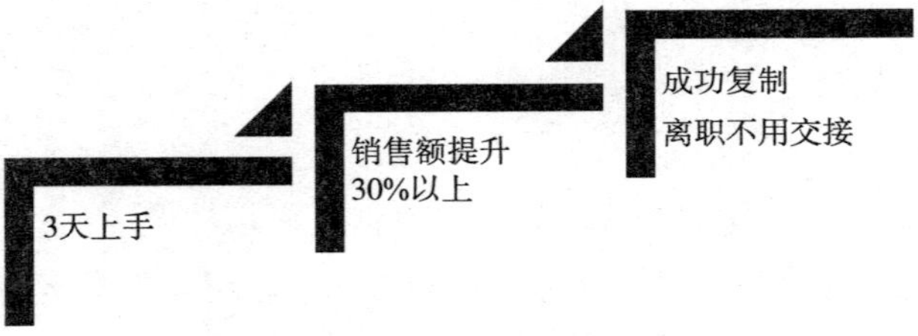

图 2-34　业务员上手分三步走

为什么总是那么忙？

自己公司的人到底在忙什么？

情况有可能是下面这样的。

内勤商务人员：

情境1：花费两三个小时面对客户的询问，问有没有货、问规格、问价格、问活动、给客户发图发视频……最终客户只订了一点点货。

情境2：前几天才给客户发图，今天客户又要求发图。

情境3：客户喜欢发微信语音订货，甚至一次发一堆语音，费劲听完后发现只有一条语音的信息是有用的。

内勤人员：每天都忙得一塌糊涂，还不能按时下班，总是在重复做着简单但琐碎的事，开单、对账、收款，什么都要做。

老板娘：为了挣钱差不多就住在公司了，忙到下班了也没时间逛街、没时间陪家人，生活质量一塌糊涂。

外勤人员：每天巡店几十家，每家花十几至二十分钟，机械地抄单、陈列、拍照，然后走人。至于销售推动，甚至没时间想。

管理是什么？管理就是管人，管人就是带作风！

管人的核心是什么？核心就是对每个人的目标和行动进行管理！

销售要做什么？销售要针对每个客户、每个要达成的目标做规划！

遗憾的是，我们的内勤和外勤，总是被大量的商务工作耗尽精力，根本没有办法做业务！

指掌天下生态链系统的B2b（经销商→零售商）订货模块，基于企业微信+小程序模式，能取代内勤80%的订货工作。在外勤方面，该模块更是能实现让客户100%自助订货，让外勤腾出精力做业务。现在，我们要做的就是去掉杂务、回归业务！

让内勤减少80%的商务工作。

让外勤减少近乎100%的抄单工作，腾出时间和精力做新业务！

让老板做“一把手”该做的事，让公司实现自动运营：规划产品、打造模式、培养团队、规划战略！做到公司自动运营，做到“每周只到公司一天”，做到局外管理，做到“事业成功、人生成功”！

一、B2b 订货原理

B2b订货原理，总结起来就是：客户在线订货→商务或业务在线审核订单→自动同步到企业资源规划系统（Enterprise Resource Planning，缩写为ERP）。如图2-35所示。

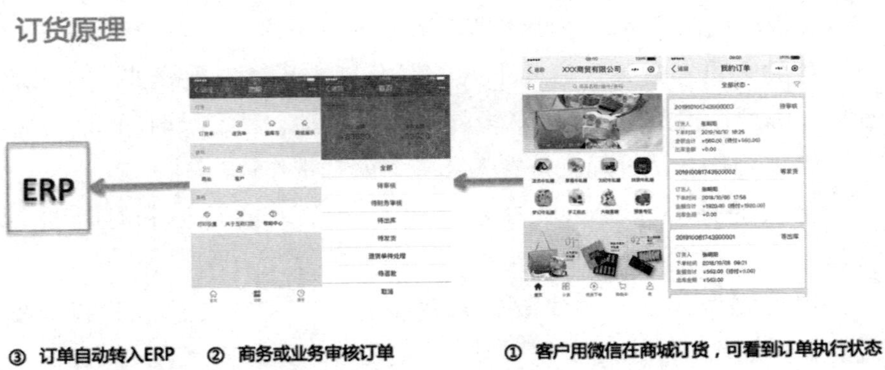

图 2-35　B2b 订货原理

二、B2b订货的标配功能及应用场景

1. 商城展示

（1）商品资料在线——不用印刷产品图册，就能让不同类型的客户看到自己想要的商品资料。

我们主张把库存商品、展厅商品都用“文字+图片”的形式向客户展示，以避免反复面对客户询问商品、拍图、拍实物视频等。

（2）库存在线——自己查库存。

把订货系统和ERP连接起来，实现客户看到的库存和公司的库存同步，避免客户来回询问是否有货。

在这里，大家在选择软件时经常会陷入一些“坑”：企业其实不需要更换自己的ERP系统，让订货系统和ERP系统集成起来即可。“坑”体现在哪里呢？有些软件号称能集成，但却不能实时同步ERP系统的库存，这其实就是所谓的浅层次API接口。

（3）价格在线——自己查价格，不同客户看到不同价格。

报价是一门技术活，大多数企业的报价体系不规范，都属于“看客报价”。商城将根据ERP或进销存软件的“客户跟踪价”，让不同客户看到属于他自己的价格。

这里要注意的是，一些做得不完善的订货系统会告诉你，无法实时读取ERP系统的价格，这时候我们就只能依靠订货系统的价格体系。

（4）促销在线——避免客户看不到促销活动。

有很多促销活动，客户根本不知道。如果客户不清楚有哪些促销活动，那么这些促销活动就失去了意义。

让促销信息在线，一来可以让客户知道都有什么促销活动，二来可以规范公司的价格体系。

让商品在线之后，我们会欣喜地看到3个意想不到的效果。

效果1：客户向我们反馈“原来你们家还卖这个啊”！更全面展示了进货品类！

效果2：让内勤和外勤业务员随时随地使用“移动展厅”，方便给客户报价。

效果3：企业在印刷纸质资料上节省了不少费用；另外，纸质资料无法及时更新商品及报价，因此所有客户看到的纸质资料上的商品和价格都一样，而商品在线后，企业可以让不同客户看到不同的商品，可以让不同客户看到不同的价格。

2. 代订货

作为一款成熟的订货系统，代订货功能应该成为标配，让业务员在外出巡店时，可以帮助客户代订货。代订货单据开出后，将产生两个结果：一是自动同步到后台ERP或进销存软件中；二是客户将收到该笔订单的消息，还可以看到该订单的详细流转状态。这就比ERP系统的手机开单强多了。

ERP系统的手机开单和订货系统的代开单都能通过手机开单同步到进销存软件中。

但后者相对于前者的优势在于，它不但能通过手机开单，而且能让客户收到订单的即时消息，还可以据此引导客户自助下单，让客户自由查询订单状态（见图2-36）。

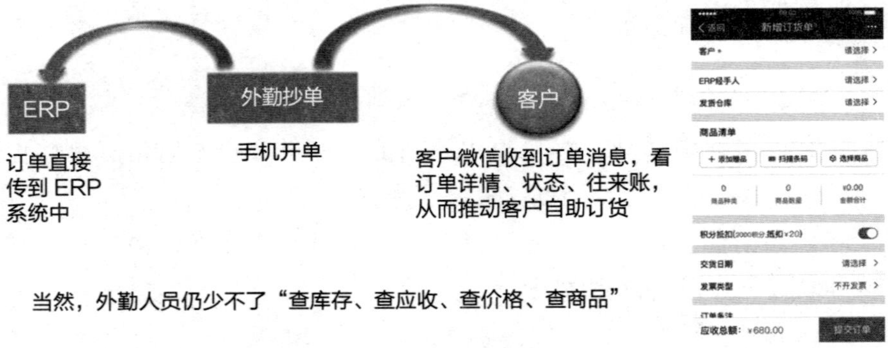

图 2-36　代订货流程

3. 客户自助订货

开发订货系统的最终目的是让客户自助订货。

以图2-37为例，客户看图下单，优势在于：

（1）不用微信往返确认，去找商品，看图片、详情、库存、价格，尤其是促销价。

（2）快速下单，3分钟搞定。在此系统订货比通过微信或电话订货更方便，客户只需根据历史订货清单修改数量即可。

（3）即时动态呈现订单流转状态，如业务审核—财务审核—出库—发货—收货。

（4）客户自助下单，不再漏单、错单。

有些人会问，他的客户年纪大了，嫌麻烦怎么办？针对类似问题，我会在本书后半部分安排专门的篇幅进行详细阐述。

图 2-37　自助订货场景实例

4. 不再往来对账

在企业实际经营过程中，往来对账是必不可少的工作。

但只要企业上线自己的订货系统，对账就将成为过去式。客户和公司往来的情况都在“一套账”里，只看余额就可以了（见图2-38）！

5. 手机端经营报表

老板和业务员要实时掌控企业经营的数据，但遗憾的是，由于无法及时获取经营数据，许多管理者和业务员无法有效开展工作。

上线订货系统后，管理者和业务员就可以实时获取自己所需要的经营数据了（见图2-39）。

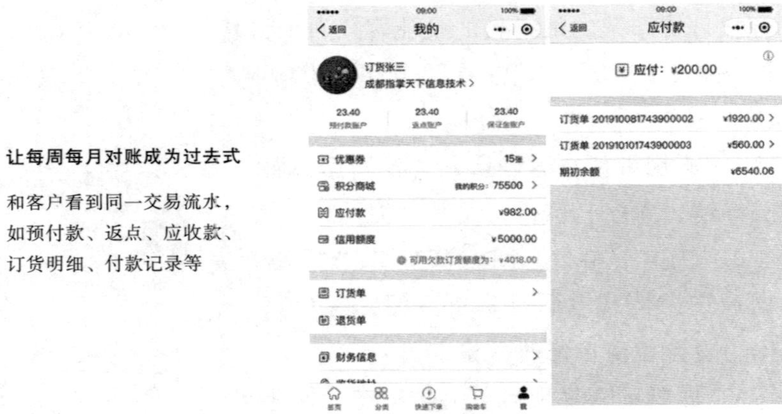

图 2-38　线上对账场景实例

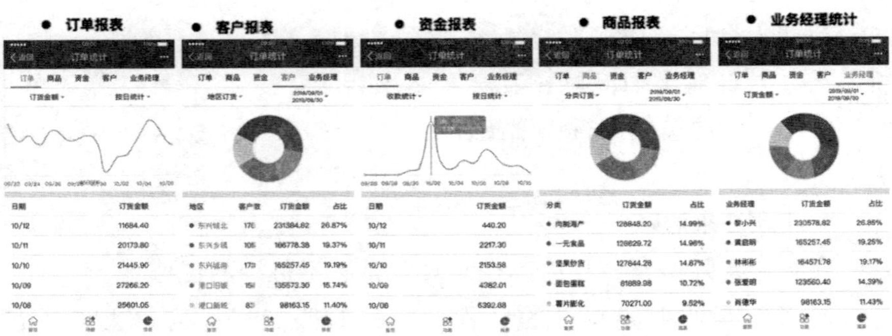

图 2-39　手机报表场景实例

6. ERP 接口

订货系统一定要集成强大的ERP系统才能发挥出威力：首先，各类数据分析和报表生成都是基于ERP系统的；其次，价格、库存等需要和ERP实时同步。

目前，市面上解决ERP系统集成问题的软件有三种模式：一是自带进销存，一般无法满足企业需求，市面上主流还是管家婆、金蝶、用友等老牌进销存系统做得强大和成熟；二是和ERP系统API

集成，这类模式只能浅层次地从订货系统对接ERP，无法做到实时价格同步、库存同步、客户价格跟踪、订单反向状态拉取；三是和ERP系统深度集成，双向数据交换。目前，唯有第三种模式可满足企业的一体化应用。

三、B2b 订货的三大标配

1. 技术平台的选择

由于渠道生态链系统涉及客户使用，因此，技术平台的选择很关键。

目前市场上存在四大类技术平台：

第一类：APP（极度不推荐）。

由于需要客户下载APP，因此很难做到让每个客户都顺利下载APP。

对于客户来说，APP的缺陷在于：下载环境不稳定；用户舍不得流量；APP无法自动更新；有时还会出现订货APP莫名其妙被删除的情况；如果用户使用的是苹果手机，那么APP上架审核还需要一定时间。

第二类：服务号（不推荐但可用）。

服务号的出现，给了企业连接客户的可能。但是服务号隐藏的路径太深，导致使用起来极度不方便。

第三类：微信小程序（强烈推荐）。

小程序的出现，大大提高了订货系统的便捷性。

客户不用下载APP，不用关注公众号，用完即走，没有干扰，10亿用户都可以搜到，访客可以被记录和获取，还可以搭载在服务号上。

第四类：其他技术平台。

除了APP、服务号、小程序外，还有一些市场占有率很高的平台，比如阿里的钉钉、百度小程序、头条的飞书等平台，但我们都不推荐！

原因很简单：首先，这些平台无法让每个人的手机都装上同一个APP，因此，钉钉类平台一般只能满足内部使用的办公软件、CRM软件的要求；其次，有些平台无法使用微信支付，因此，微信平台属于唯一选择。

遗憾的是，还有一些厂商，依然将服务号作为主战场；更有一些不负责任的研发厂商，让企业为了面子花不少钱买了个摆设。

2. 上下游互动的通路，企业微信外部联系人成为独一无二的通路

由于连接了客户，我们需要上下游互动的通路。

APP能互动，但下游客户手机上如果没有该APP，则无法互动；服务号能主动触发消息，但本身无法互动；企业微信外部联系人搭载订货系统，完美诠释了张小龙的“人即服务”的设计理念，成为企业一致的首选。

基于“人即服务”的立足点，企业微信与个人微信实现了互通。

其步骤和原理如下。

（1）客户用企业微信加业务员微信为好友，客户微信立即弹出预先定义的“欢迎语”。如图2-40所示。

（2）客户通过微信/通讯录/企业微信联系人找到业务员，该业务员所在的公司介绍、业务介绍、订货商城等自定义信息便一目了然。这就是“人即服务”，找到某人，也就找到该人所在的企业所提供的服务。如图2-41所示。

（3）客户可以通过自己的微信和业务员的企业微信与业务员聊天、视频通话、语音通话。

（4）业务员可以把客户的微信设定为企业微信外部联系人，并将其录入公司的CRM。如图2-42所示。

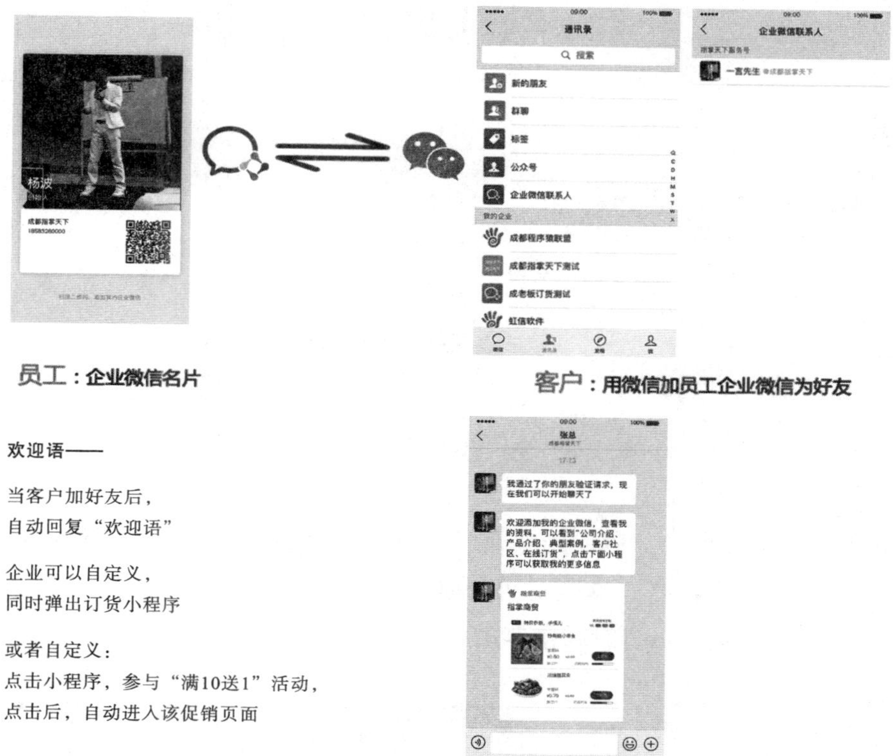

图 2-40　客户加员工企业微信为好友

图 2-41　客户端查看好友实例

图 2-42　客户微信归档入 CRM 实例

（5）业务员可以使用企业微信群发消息功能，对客户微信进行一对一的消息推送。这消息可以是文字、图片、H5网页。当然，客户也可以与业务员进行无限制的畅聊。如图2-43所示。

图 2-43　企业微信群发界面实例

（6）搭建经销商社区。我们可以在业务员名片上搭建“经销商社区”，放置企业针对各级经销商的公告、资料、论坛、在线请求等信息，真正实现“厂商一体化，抱团打天下”。如图2-44所示。

（7）离职一键转移客户归属、好友关系。

当前，我们的业务员都是用个人微信加客户为好友；离职后，客户依然和离职人员是好友，导致新人很难接手，甚至客户被带走。

用企业微信加客户为好友后，业务员一旦离职，就可以一键转移客户归属、一键转移好友关系！同时，离职人员不再和客户是好友关系！

3. CRM 客户运营——CRM 和订货系统一个都不能少

渠道生态链的建设，除了连接客户，让客户自助订货外，更重要的是对客户进行分析！

对客户，分析什么呢？

一是客户交易数据的分析，如年交易额、上月交易额、本月交易额、上次交易额、上次交易时间、交易次数、应收款等。

二是人员行为数据的分析，如未联系天数、回访次数、巡店次数等。

也就是说，孤立的订货系统，只能让客户自助订货；而客户订货的背后，还是需要一套客户分析系统。如图2-45所示的指掌天下生态链系统的CRM模块，就是为企业量身定做的销售管理系统和客户分析系统。

图 2-44　企业微信经销商社区实例

图 2-45　指掌天下客户运营分析——CRM

四、B2b 订货的常见误区

1. 下游客户不会使用

第一，当下中国能用手机上网的，几乎很少有人不用微信。哪怕是70多岁的老人都在用微信，社交平台的广大用户数量，让下游客户不会用平台订货本身成为一个不太站得住脚的假设。

第二，你会发现大部分门店老板的手机上都会下载好几个APP，而且都下过单。

第三，开店老板呈现年轻化趋势，大家白天都很忙，很多开店老板更希望白天忙完后，能在晚上拿着手机进行自助订货。

第四，越来越多的客户都倾向于自助订货，而不是订货时通过电话、微信或语音来回询问。

第五，企业自建私域化电商已经成为一种趋势，意在打造24小时在线订货平台，让只有见面或沟通才能订货成为历史。当然，这也是一个企业实力和品牌的体现。诚然，仍然有一部分客户不愿意在线订货，就好比很多人压根不相信微信支付，不愿绑定银行卡一样，但不愿意使用移动支付的极少部分人，不应该成为企业上线订货系统的阻碍。

2. 客户嫌麻烦

我经历过一次糟糕的代驾。

以前没有手机约车代驾时，我们喝酒后，习惯性问店老板要一张代驾司机的名片。一年冬天和团队聚餐后，由于喝了点酒，我就问店老板要了一张代驾司机的名片。电话接通后，代驾司机说“马上就到”。等了很久后我连续几次催问“到哪里了”，得到的回复依然是“快了”“很快就到”之类。在寒风中苦苦等待了40分钟后，我再次呼叫过去，代驾司机已经关机。

自从有了网约车代驾后，我们能实时看到司机的位置，而且价格透明公开，不用担心被“宰”，我们也不用再问店老板要代驾司机的名片了。

和找代驾方式的改变一样，我们教会客户自助下单只需几分钟，一旦客户习惯了自助下单，就会爱上自助下单。同时，我们还可以制定很多优惠政策，让客户享受到在线下单的好处。

最后，我们要不遗余力地推动客户在线下单，这样我们可以解放内勤和外勤人员，让他们腾出时间和精力做业务！

3. 自己公司没人会

上线订货系统需要投入一定的人力去优化设计商品信息、上线各种促销方案等。有时会听到一些企业老板抱怨自己商城的商品图片没人会做！

其实每个企业都不缺图片处理的人才，君不见他们朋友圈的图片处理得很漂亮吗？

只要指定一个内勤人员，给他专门的岗位工资，上传图片、整理图片的工作难题立马就迎刃而解了。首先，各大商城有现成的图片；其次，各品牌厂商都有现成的图片提供给各级经销商；最后，用手机拍摄图片并简单处理一下也行。

五、B2b 订货的核心价值、战略价值、附加价值

1. 赋能内勤，减少内勤 80% 的订货精力

我们再来回顾一下商务内勤处理订单的过程：询货—询价—拍照—视频—语音。

我们发现，处理一个订单大约需要花费30分钟甚至2小时时间，而开单只需几分钟；同时，开单后，客户还会询问是否已经发货等问题。内勤的工作时间大部分都被这样的内容占据了。

使用订货系统后，一旦客户询问，我们立马就能把该商品的小程序页面推送给他，让他自己看商品名称、规格、包装、价格、活动、库存等（见图2-46）；同时，客户还可以看到订单的流转状态，起码省下80%的接单往返询问时间；更重要的是，我们还培养了客户自己查商品、查价格、查库存、查活动、自助下单的习惯，何乐而不为呢！

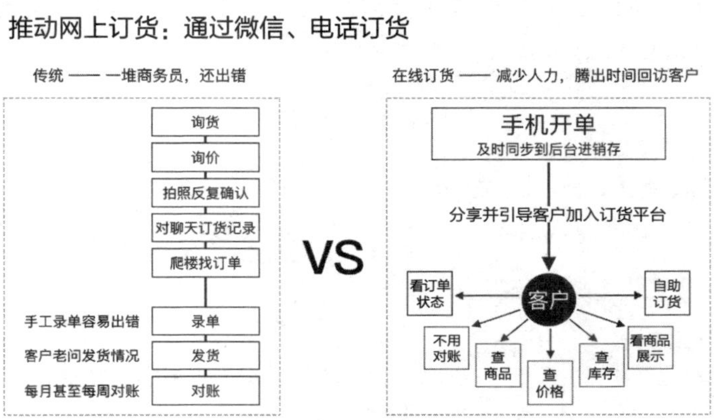

图 2-46　通过微信、电话订货与在线订货特征对比

当我们使用订货系统减少80%的商务工作量后，商务内勤人员就可以腾出大量的时间去进行客户回访，去向客户推荐更多产品！

不是每个内勤人员都对自家的产品了如指掌，尤其对于新人来说，他们介绍不清楚商品，不知道每件商品应该报什么价格。有了“千人千面”的订货商城后，内勤人员上手就会很快！

2. 赋能业务员，代开单&随身携带的销售工具包

我们再来看看外勤人员。

外出跑业务时，客户经常会问及商品的图片、价格、库存等信息，由于自己手上没有，与商务和财务一来一回的沟通效率低下，腼腆的业务员甚至不好意思问，耽误了许多单子。

有了订货系统后，商品资料库能随时在手机里查到，新业务员可以不用熟悉商品，不用问仓库是否有货，不用问给客户报什么价。“千人千面”的订货商城，能够做到面对不同客户给出不同的价格，并记忆上次交易的价格。更高效的是，业务员可以立即开单，单据自动同步到ERP或进销存，同时订单自动推送到客户的手机，推动客户自助下单（见图2-47）。

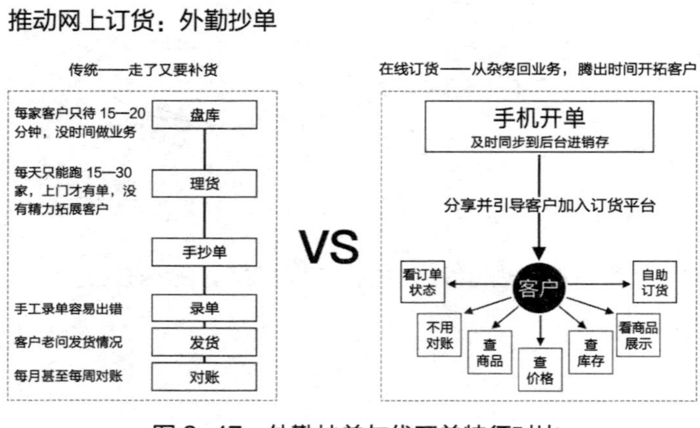

图 2-47 外勤抄单与代开单特征对比

3. 赋能客户，24 小时自助订货，想进货时，上平台

上线订货系统的目的是让客户自助下单，并形成一种习惯——想进货时，上平台。

有了打通企业线上线下的订货商城，建立起了企业私域化的电商平台，我们就可以不断增加货源，和其他商家共享商品条码，构建企业针对下游客户的“一站式采购平台”，让企业形成一种“不断拉客户上平台订货，不断沉淀客户”的新业务模式。我们不再惧怕互联网巨头的竞争，它们有的电商平台我们也有，而本地化的服务及多年的人脉关系，只有我们才有！

更重要的是，客户自助订货后，我们的内勤和外勤业务员就有了足够的时间去做业务。这样我们的业务员在客户订货正常时，只需远程联系一下客户就可以了；只有在客户订货不正常时，才需要上门去服务。这样，业务员就有了足够的时间去开拓新客户和深度维护老客户，比如探讨一个客户应有的销量，还可以卖哪些货，如何做市场营销活动，如何维护客情关系，等等。一切都会回到业务员应该做的业务上来！

总之，作为生态链系统的两大核心模块，CRM和订货系统能帮助企业解决阻碍企业发展的三大问题（见图2-48），并达成我们意想不到的结果。

找到企业的经营方向，比实现经营方向更重要。

如果你认同这句话，本书带给你的价值和作用也就让我满意了！

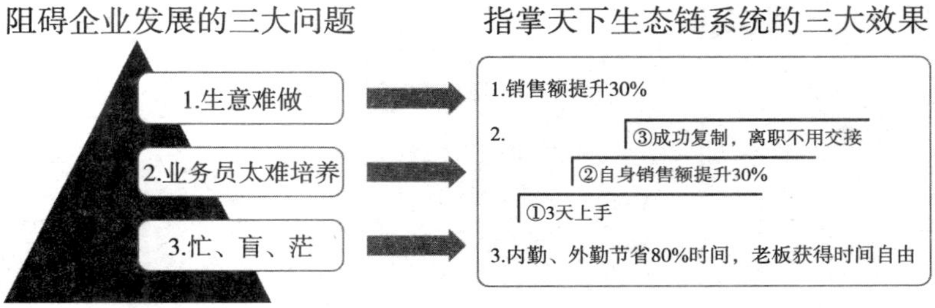

图 2-48　指掌天下——打造企业生态链

第三章

探索企业发展的生态链共生发展之道

分析乱象的“渠道分销”玩法

作为渠道型企业，我们总是希望渠道生态链上的下游客户，大力销售我们的产品，甚至全部推销我们的产品。

但多年来，渠道生态链上一直存在这样的现象：我们自己有几百甚至上千单品（SKU），但是下游客户却只卖一百多甚至几十种单品。

我们该如何让下游客户大力推广和卖我们的产品呢？大多人的答案就是建立渠道分销商城，但事实上真是这样吗？

关于渠道分销商城，市场上有多种产品类型。

一、渠道分销商城的类型

1.淘宝类多商户入驻商城

淘宝类商城的成功，让很多商家和软件开发商觉得，如果企业有一个类似淘宝那样的多商户入驻独立商城，那该多好！

很多商家需要这样的商城，许多软件公司的报价也就水涨船高。但这么多年，国内没有几家公司能够运营好这样的多商户入驻商城，即使如此，仍有一些软件公司在向商家灌输和推销它们的商城是如何如何好！

多商户入驻商城难成功的根本原因在于：多商户入驻商城后，不会花多少心思去维护它们的商品；由于不维护商品，该商城的信息就会失真，慢慢形成恶性循环，就不会有人在上面下单。

这样的“多商户入驻商城”模式已经存在10多年了，还没形成成熟的模式，只能说明，这样的模式不符合中小企业渠道分销的需求。

2.渠道分销商城

何为“渠道分销商城”呢？

就是一家公司搭建好商城，然后发展下线，让下游客户分享和推广它的商城，让下游的客户在其上家的商城下单支付，然后返佣金。

此类商城也没有多少生命力。其核心问题是，商城的主体拥有权不属于下游客户，商城名字、所有权都不是下游自己的，于是，下游客户注定也不愿意“为他人做嫁衣”，因此不会大力推广。下游客户如果是商户性质而非个人性质，这样的分销模式是行不通的；下游客户如果是直接客户且是个人性质，还勉强有些效果。

有一小部分人还想拥有“三级分销”。我想说的是，首先，这没必要，比如早期的Uber进入中国时只有一级分销，早期的盒马鲜生等推广也只有一级分销；其次，我们也没看到几个推广成功的“三级分销商城”，何况“三级分销”还有政策风险。

二、企业关于分销的四大诉求

除此之外，企业还有哪些诉求呢？

作为管家婆研发商，我们在全国拥有1000多家经销商和160多万家管家婆用户，我们经常服务想在渠道分销领域玩出点名堂的企业。

指掌天下是企业微信内测伙伴，因此我的公司入驻腾讯大厦办公。我在腾讯大厦的办公室里接待了上百家企业老板。大家基本上都探讨以下几个话题：

A.如何搭建一个面对直接终端客户的商城，干掉中间商？

B.如何和同行一起整合资源搭建一个资源共享的商城？

C.如何与终端门店实现“条码共享”？

D.如何搭建一个商城，让同行的业务员帮着推广？

我还走访了100多家企业，和大家探讨过类似的话题，在我的“互联网+生态链力量”课上，也和不少体量很大的企业的负责人探讨过这些话题。我们来一一讨论这些话题的可行性。

1.如何搭建一个面对直接终端客户的商城，干掉中间商？

2016年，临沂、成都轮胎行业的几个生产商来到我的办公室。他们的诉求是搭建一个面对终端轮胎修理店的商城。他们的客户是轮胎批发商。这些批发商在他们各自省内的许多县城都有自己的业务员。他们的困惑是：这些县城的经销商不会卖力推销他们自己的品牌，不忠诚。为了扩大经营，他们想搭建一个面对轮胎修理店的商城，让业务员去拓展终端，把商机掌握在自己手中。换句话说：谁听话就把商机给谁，甚至自己直接供货给终端客户。

我听了几位老板的诉求，问了他们几个问题：他们是否真的敢这么干？如果这么干，原来的经销商就会倒戈，公司是否能承担这风险？在进行讨论时，客户们自己就分成了强硬派和妥协派。最后，在我的建议下，他们放弃了原来想干掉经销商的思路。为什么要放弃呢？我将在后面的章节详细介绍生态链之道。

2.如何和同行一起整合资源搭建一个资源共享的商城？

一个做轮胎的老板告诉我，因为客户对象都是汽车修理厂，他联合了轮胎、轮毂、坐垫、机油行业的几个朋友，想一起做一个汽车后市场“一站式采购平台”。

几个做快消品的经销商，一起来到我的办公室，告诉我他们联合了一些食品行业总经销商、日化行业总经销商、酒水行业总经销商，打算搞一个一站式采购平台，因为他们面对的都是小店。

他们的想法很美好，但都行不通！

大家要搞清楚一个核心问题：商城的主体是谁？如果是某一家的，其他家是不会把自己的资源放上来的。如果想联合注册一家公司，那也行不通，如果大家股份都一样，谁来负责平台运营？如果股份不一样，那么就有了区别对待，股份小的就只会投点资金，不会出力出资源的。

我见过不少头部经销商，几家联合投入了几百万元搭建自己的理想平台，到最后效果都不尽如人意。

那么，到底出路在哪里呢？

一群可敬而又有雄心的老板，一直在苦苦追求，也在不断尝试！

3.如何与终端门店实现“条码共享”？

如何让门店实现“条码共享”？

只需要搞清楚一个问题即可：分享出去的商城信息是谁家的？

4.如何搭建一个商城，让同行的业务员帮着推广？

让业务员帮着推自己的商城，理想很“丰满”。事实上业务员拿着公司的钱去明目张胆地推销别家的商品，想想都觉得不太现实。

这几年，我和我的团队也一直在努力探索什么样的模式才能够满足大家。

在这里，我想表扬一下我自己和我的团队，作为一家负责任的品牌研发商，我和我的团队，不会为了利而忘了本，我们只做能够给客户带来价值和生命力的事，对那种看起来可以赚快钱但违背基本商业价值的事，我们团队的态度是“NO”！

不一样的F2B2b2c，从“道”上来——生态链之“道”

我们先抓住4个核心诉求：

A.希望下游力推自家产品。

B.推广者的主体必须是自己的。

C.不影响原来的各自的地盘。

D.共赢而非谁为主。

一、生态链是什么？

生态链就是企业构筑起自己的上下游及异业联盟。

生态链就是，老板要修一条高速公路，让这条道足够宽、足够直、足够短，从原来的供应链模式转向满足顾客需求的需求链模式。如图3-1所示。

因此，我们常开玩笑说，老板就是一个“修路者”！

未来商业的竞争，不再只是企业之间的竞争，而是生态链之间的竞争。

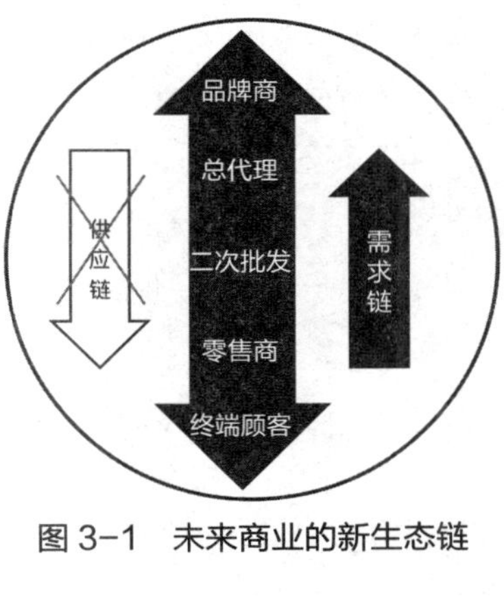

图3-1　未来商业的新生态链

不管是日本、欧美的企业还是国内的BAT、小米、美团、头条，无不在努力建立自己的生态链。腾讯的马化腾就多次表示，现在的腾讯，把自己的另一半命交给了合作伙伴。

二、生态链之道

银河系里有太阳系，地球上有森林系。

太阳系。地球能够围绕着太阳转，是因为两种力量的平衡，一是太阳的吸引力，二是地球的离心力。

因此，我们知道，要想维持平衡，太阳和地球之间一直在“博弈”，这就好比厂商与经销商之间的关系。

但是我们也知道，由于太阳的能量越来越大，最后太阳系的行星都会被太阳“吸”进去，太阳就成为“黑洞”，于是，太阳系就毁灭了！

森林系。地球上的森林系，有参天大树，有小树，还有树苗。你会发现有趣的现象：森林系没有“中心”，大家各自在这生态里努力获取养分，保持着“共生”的生态现象！

要想生生不灭，唯有“去中心”。当我们和生态链上的商业伙伴相处时，我们不要动不动就想消灭谁，因为，大家在生态链上都有自己的能量，各自干好各自的事就好。厂商不要想干掉经销商，经销商也不要想自己去生产，经销商也不要想干掉下游零售商，我们需要做的就是建立共生共赢的生态链，让我们这个紧密合作的生态“系统”不断壮大，一起与竞争对手“打群架”。

当然，要想做到生态链共生，我们得有“厚德载物”的智慧和心态！否则，我们就会陷入“自强不息”的博弈状态。如图3-2所示。

太阳系

天行健，君子以自强不息

——《易经》

森林系

地势坤，君子以厚德载物

——《易经》

图 3-2　企业生态链共生之道

这就是生态链之“道”，所谓得“道”者多助，失“道”者寡助。也正因为如此，我作为指掌天下的创始人，不会做“失道者寡助”的事，凡是想干掉下游的客户，我们宁愿不与它合作。

我们要做的是推动中国中小企业的生态链共生共赢，这也是指掌天下存在的价值，也是指掌天下的愿景和使命！不仅要呐喊着让企业知道，更要让企业做到！

三、生态链共生解决方案

生态链共生，就是在让每家的商城系统成为独立的、私域化的平台的同时，把彼此连接起来，实现商品共享、客户共享。在彼此同意的基础上，实现数据共享，达到连接上下游、同行、异业联盟的效果，让生态链实时在线。如图3-3所示。

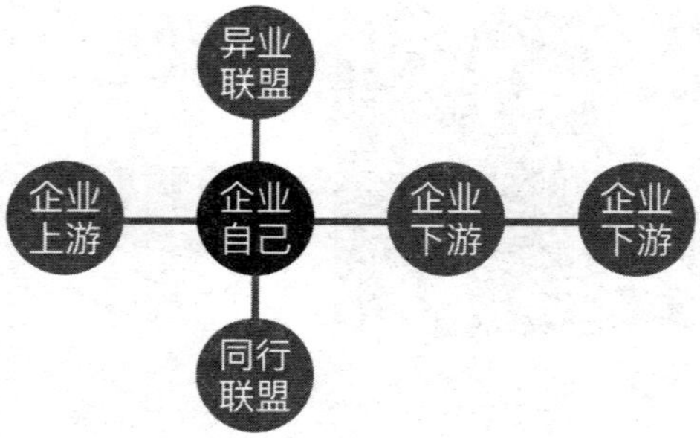

图 3-3 建立企业自己的生态链

我们在这条道路上已探索了3年，很多企业实践都成功了，我希望能带给读者更多的启发。作为一种新兴模式，我也欢迎读者和我在线交流，或者来我办公室“喝茶论道”，让我们一起去推进中国企业的生态链共生共赢。

很多企业家朋友，听了我的分享或演讲后，有一种豁然开朗的感觉，一直纠结的心终于放下，一起打江山的伙伴又可以继续战斗下去了，商场上又少了很多“血雨腥风”，大家真的谁也离不开谁。

我相信生态链共生之道，必将在中国发扬光大。在未来，品牌商、经销商、零售商，依然会在各自的领域内发挥自己的作用，让我们建立共生共赢的生态链，一起“抱团打天下”！

案例：某食品批发企业的经销商

一家做食品批发的企业，有3000家门店，其中有600多家属于合作紧密的门店。企业有3000多种单品，而门店一般只卖几十种单品。我们介入生态链咨询后，第一期工程连接了核心的400多家门店，让这些小店不用维护商城，即可一键搭建自己的商城，商城集会员、积分、促销于一体，实现线上线下一体化。比如，总部可以一键推送商品到门店，总部可以推出一个面向终端消费者的促销活动并一键展示在门店。门店系统属于门店自己的，让门店没有顾虑地去做推广，大家一起达到共生共赢的状态。

案例：某灯具生产厂

一家灯具生产厂，为全国 100 多家经销商建立了独立的系统，和总部的指掌天下进行连接。做到后，总部的新品介绍、促销可以一键展示在经销商系统里。更为重要的是，帮助经销商赋能生态系统后，厂商和经销商在这个生态链系统里面共舞共振，呈现出一派生生不息的景象！

第四章

生态链系统搭建步骤和运营方法

生态链系统搭建步骤

生态链系统的搭建，由于涉及连接企业内外问题，因此我们建议按照如下步骤开展。

1. 上线内部销售管理平台 CRM

由于业务员少，客户数量众多，我们需要好好整理客户，把客户分级分类。让内勤和外勤分析客户并跟进客户，做到“该进货时，盯死客户”，这是核心！

2. 上线自身的 B2b 平台

搭建自身的B2b平台，赋能内勤，赋能外勤，赋能客户自助订货。

完善自身线上线下商品档案，做到“商品在线、库存在线、促销在线”，让客户养成线上下单的习惯；建立自身的线上分销生态链平台，让客户形成“想进货时，上我平台”的品牌印象。

3. 连接自身下游直接客户，比如经销商或门店

当我们建立自身的B2b平台后，接下来我们可以考虑先连接自身的经销商或门店。帮助经销商或门店赋能，让门店能够建立自身的小生态链，让我们的商品可以全部展示在门店的商城上，让门店拥有一套会员管理方法和工具。

4. 连接同行或异业联盟

当我们自身的系统和经销商或门店的系统完成连接后，我们会发现，我们自身的货源明显不够，这个时候我们可以考虑整合适合

我们下游客户的货源的同行或者异业联盟。

这样，我们的商品货源就可以实现共享，达到1+1>2的效果。

5. 连接上游品牌供应商

当我们的渠道分销体系建立起来后，我们可以拓展更多的品牌，连接上游供应商，以及时得到货源信息、促销政策，并与上游供应商形成一体化的生态链分销系统，实现“厂商一体化，抱团打天下”的效果。

生态链系统运营方法

一、运营的3个基本概念

1. 数字化

国内的产业链已掀起打造“数字化企业”的热潮，唯有数字化才能提升效率，改善经营。

商品数字化：展厅商品或库存商品数字化后，内勤、业务员、客户都能及时获取商品信息。通过商品的数字化我们可以获取客户的数字化信息。

库存数字化：库存一旦数字化，就能让整个生态的库存实时在线。

促销数字化：促销数字化能让促销信息快速传播，并且可以根据促销的分享来判断客户的来源，促进客户的数字化。

客户数字化：客户的数字化可以实现对客户的识别、跟踪、分析、跟进。

2. 线上流水占比

衡量一家工业企业的规模，用电量是一个核心指标；衡量一家企业的互联网化转型程度，线上流水占比是个基础指标。无论你做得多大，如果你的流水主要还是线下流水，那说明你依然是一家传统的企业。因此，我们要不遗余力地提升线上流水占比。一般情况下，一家企业的线上交易占比超过60%算合格，下限为40%。目前很多企业已经实现了100%的线上交易。

3. 人货场融合

人成为交易的载体，成为新的场；货的数字化也成为新的场；场不再是原来的实体店，而是发生了延展。

人货场的高度融合，成为移动社交电商的新现象。

二、运营四要素

1. 运营技术负责人和推动人

运营的技术负责人这个角色虽然看起来不重要，实际上是运营里最根本、最基础的一环，很多企业都缺这样骨干级别的人才！

我们的建议是，不要去新招聘一个懂设计、会电商运营的人，而是在公司内部挑选一个懂电脑软件的人，比如商务、行政、财务。请注意，这是一项新增加的额外工作，建议在原来工资基础上增设该项新工作的“岗位工资”，否则，被挑中的人会找各种借口拒绝新工作，比如不会软件、不会修图、软件不好用等。

运营的推动人，一般在执行层面上是商务内勤和外勤。我们建议：

（1）启动内勤回访制度，让内勤每天回访20家以上的客户。

（2）启动外勤推动客户上线制度，推动客户上线，并用CRM赋能自己，找出“该进货时，盯死到位”的客户。

（3）给内勤和外勤下具体指标：每天要推动多少客户上线，如内勤每天2家，外勤每天5家。

2. 商城装修、商品的链接、商品上下架

一是商城装修。能够引导客户快速找到商品，并呈现出主推商品及商品搭配。

二是商品的资料建设。商品的图文描述详略、文案质量好坏很关键，要避免客户看不懂再询问的情况出现。同时，需要商品库存在线，连接后台ERP或进销存，让商城库存和线下库存一致。

三是商品的上下架问题。不能销售的商品要及时下架。

3. 营销活动

事实证明，线上促销活动是吸引客户线上下单的很重要的因素。这里需要记住一个小原则：线下下单没有优惠，只有线上才有促销活动。我们完全可以借助线上的促销方式，比如满减、满赠、积分、优惠券、搭售等方式，搞出灵活多样的促销方案。促销在线后，受众面也会比原来扩大很多！

4. 检视系统

事情都是人做的，因此要推动生态链建设，需要按照岗位、岗位目标和行动计划去执行检视，并形成一套制度，否则就会陷入“人盯人、人盯事”的怪圈。

第五章

生态链系统的组织保障
——组织互联网化：办公系统

本章的核心内容是企业互联网化的基础：办公系统。

企业移动办公领域已经进入移动互联时代的深水区，目前，国内有两个适合企业办公应用的主流平台：企业微信和钉钉。

我认为它们都是很不错的适合各级各类组织的办公平台。你可以看到政府、事业单位、国企、民企、军队、学校，乃至个体户都在用这两个移动轻办公类的系统。

那么，到底哪个好呢？

对于纯内部应用来讲，钉钉和企业微信都很不错。但如果需要连接组织以外的成员，比如客户、学生等群体，我认为企业微信是最佳选择。

连接，从移动办公开始

中小型企业在互联网转型过程中，面对各类互联网巨头新秀的崛起，显得有些不知所措。其实，中小企业无须担忧，目前传统企业的体量使得自己依然是商业主体，仗着丰富的行业经验和本地化优势，只要实现生态链的互联网化重构，就不用惧怕跟不上时代的发展。企业生态链是由企业的上游、企业内部、下游经销商和终端客户组成的，要让整个生态链连接起来，核心要求就是连接自己的客户，打造一个连接客户的轨道，我们并不需要把业务做到全国，只要把原来的客户连接起来，并不断增加新的客户即可。只要能够做到客户不被别人抢走，企业就可以生存并不断做大，再不济，也可以成为区域里“打不死的小强”。而在这个过程中，最关键的一点是要打造一支熟悉并能驰骋互联网的团队。“不怕神一样的对手，就怕猪一样的队友”，这句话对任何企业都适用，谁能先完成“互联网+团队”的打造，谁就能走在前面。

因此，企业生态链互联网化的保障是组织互联网化，而组织互联网化需从移动办公开始，即连接企业内部，让内部成员、业务等连接起来，时时在线！

企业微信专为企业而生，是腾讯为了让企业连接组织内部、外部而开发的承载基础平台。

企业微信能为员工和客户提供简单、方便、快乐的办公体验，也成为新时期公司风格的特征之一。如果没有好的办公环境，新员工就会觉得企业落后，跟不上时代。

企业微信基础办公

企业微信自带两大类办公的原生应用。

第一类：消息、通讯录、文件盘、邮箱、考勤功能，我们推荐直接使用企业微信自带的原生应用。

第二类：审批、汇报、同事吧，这些应用也做得很不错，但由于无法和业务数据互通，我们推荐使用第三方研发商的应用，因为第三方做得更深，能够和业务数据互通。

下面我们来看看基于企业微信的各种办公应用场景。

一、用企业微信群替代微信群

（1）阅读状态。消息已读或未读一目了然，再也没人能“装死”了，如图5-1所示。

（2）引用。可以针对聊天记录中的某条信息进行专门回复，如图5-2所示。

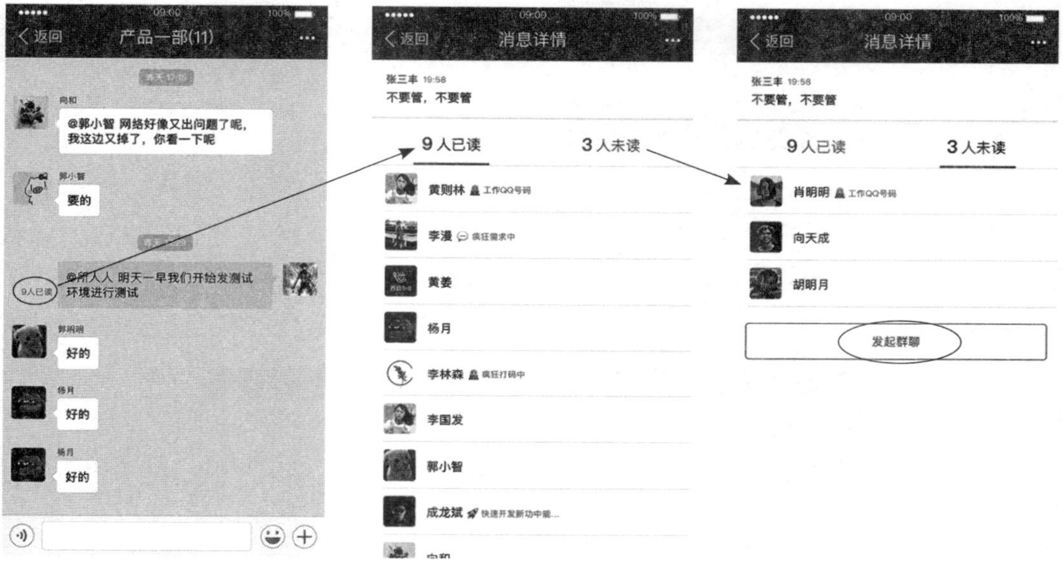

图 5-1　阅读状态

图 5-2　引用

（3）待办。可以把某条聊天记录设为待办，提醒自己或团队，如图5-3所示。

图5-3 待办

（4）分享历史消息。我们在聊天过程中，如需要邀请另外的人入群，可以借助“分享历史消息”，把之前的聊天记录分享到群里供新进群的人看，如图5-4所示。

图 5-4　分享历史消息

（5）视频会议。支持电脑端桌面文件共享等，如图5-5所示。

图 5-5　视频会议

（6）专属红包。只有定向的人可以领取到红包，群里其他人只能“干瞪眼”，如图5-6所示。

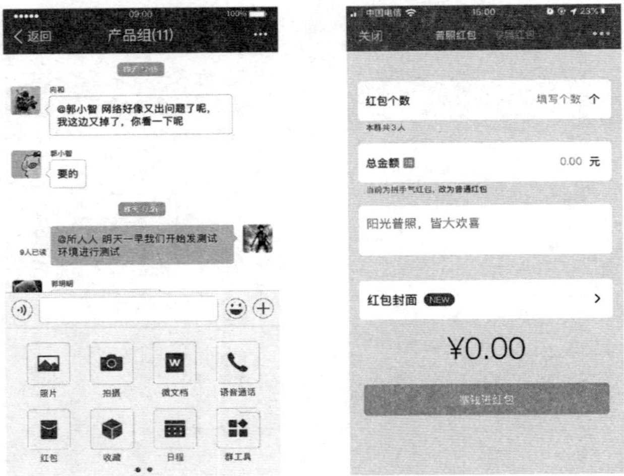

图 5-6　专属红包

（7）内、外部群。员工离职后，其账号随着企业微信账号的删除自动离群，如图5-7所示。

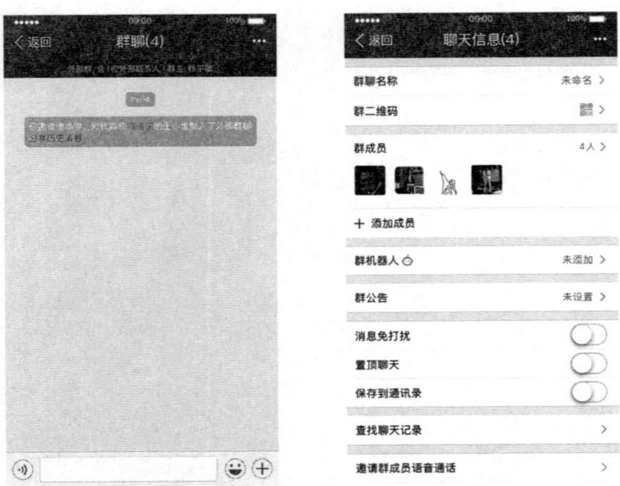

图 5-7　内、外部群

（8）企业微信电脑版。传文件、截屏，可以完美替代QQ，如图5-8所示。

图 5-8　企业微信电脑版

二、拉人进群时，不用再搜索通讯录

绝大多数企业目前都有公司微信群，但在公司微信群中，我们经常会遇到以下麻烦。

（1）想建一个公司群时，想拉进群的人不在自己微信好友里面。

（2）即使想拉进群的人在自己微信好友里面，也要一个一个地从通讯录里面搜索出来，很麻烦。

（3）如果群主不是自己，群主离职后，这个群就失去了群管理权。

（4）员工离职后，有些还在公司内部群里。

（5）有些公司微信群没有设置权限，员工可以擅自拉外面的人进入公司的内部群。

总之，尽管可以借助个人微信建立群聊，但还是相当麻烦和不安全的。

企业微信可以根据组织结构，选中同事，快速建立群聊，如图5-9所示。

图5-9 企业微信根据通讯录快速建群

三、通讯录：找同事，非常方便

我们经常遇到这样的场景：想找同事电话，手机通讯录里却没有存。企业微信为我们提供了“通讯录”功能，电话、邮件、即时消息一应俱全，如图5-10所示。

图 5-10　通过企业微信快速找到人实例

我们选中一个同事，可以直接拨打他的电话，可以直接找他聊天，可以直接发短信。

此外，企业微信还提供了查看该同事档案、名片的功能，我们还可以将其设置为常用联系人，这样便再也不用担心手机通讯录里面没有存同事的手机号码了！

四、通过企业微信打卡，不再排队

打卡考勤是企业对员工进行的基本管理，这点无可厚非。

但到了移动互联网时代，打卡考勤方式是不是也该变个花样了呢？

利用企业微信的考勤功能可以统计考勤情况，员工迟到几次、未到几次都清清楚楚，到了月底，行政考勤人员可将考勤报表一键导入到Excel表格中，十分省事，如图5-11和图5-12所示。

图 5-11　企业微信移动考勤

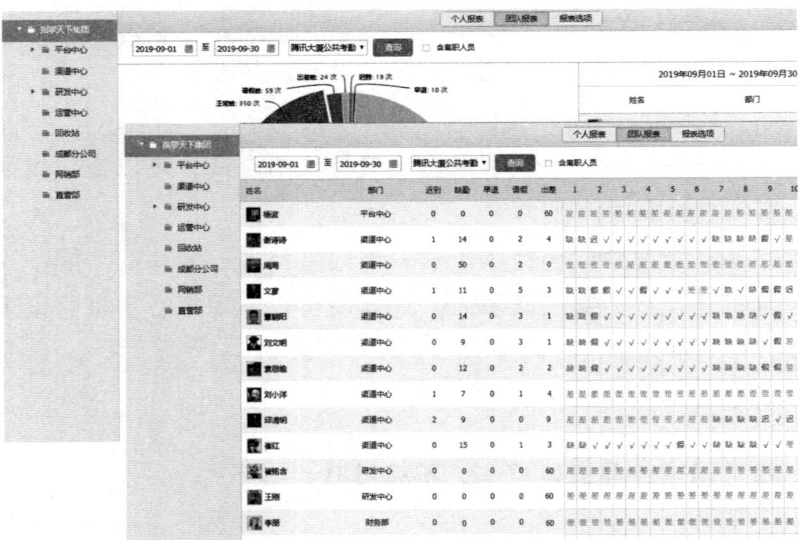

图 5-12　考勤统计

传统打卡考勤的劣势：

- 一定要到了公司才能打卡；
- 各地打卡记录无法连接；
- 人事部每天一个个记录，月底再统一整理，很费时间。

通过企业微信打卡，谁还愿意在打卡机上磨蹭呢？又土气，又不受员工欢迎！这算不算是新时期公司的一个小标识呢？

五、企业微信文件盘：全公司公用的网盘

企业微信自带的文件盘自带文件共享功能，深受企业欢迎。

六、企业微信邮箱

企业微信邮箱，让我们直接在企业微信手机端进行收发，非常方便。

企业微信上研发商的办公应用

前面我们已讲过，关于企业微信自带的原生应用，我们推荐使用消息、通讯录、考勤、文件盘、企业微信邮箱等功能。现在重点讲讲第三方的一些应用，因为它们普遍能够与企业业务数据互通，功能更加强大。企业可以放心使用，这些都是企业微信重点推荐的产品，其设计和界面交互都是企业微信经过严格审核后才推荐的。

一、高效沟通：公司动态

在企业微信上有一个“同事吧”应用，客观来说做得不错。但我们推荐使用指掌天下研发的“公司动态”应用，这个应用就好比公司内部的“同事圈”。相较于微信群而言，这个应用会把企业的一些重要沟通信息记录并重点显示出来，更方便，也更正式。

在社交时代，企业必须搭建企业内部的社交型沟通平台，才能真正做好“互联网+组织连接”。沟通平台，连接老板与员工，连接8小时之外。有人说，“员工在公司像一条虫，在微信微博上像一条龙”，我们如何让员工把这劲头用在工作上呢？如何营造公司氛围和员工存在感呢？如何释放大家的创造力和灵感呢？

我们说“管理就是沟通”，开会或面谈成了企业管理必需的手段。但是在企业经营过程中，开会会面临很多尴尬的情况，比如：想要聚齐所有人开会很难；老板出差在外，无法参加会议；不是很重要但也需要沟通的事，大家嫌麻烦不想开会。

微信群和QQ群的存在在一定程度上避免了这些尴尬情况。但是新问题来了：这些群消息很容易被忽略，不容易达到传达的效果。

如何借助企业微信实现快乐办公呢？

请欣赏如下场景，相信会对你有所启发——原来，“互联网+组织连接”是这样的！

1. 快乐沟通的 21 个诗意场景

场景1：公告制度发一下

像发朋友圈一样随时随地发公告；利用手机，我们可以通过企业微信随时发布各项通知或进行分享，其他人收到后可第一时间回复和评论，像朋友圈那样沟通和交流，不仅减少了开会次数，而且连接了各地人员，方便随时随地沟通，大大提升了团队的效率。如图5-13所示。

图 5-14　批评类动态

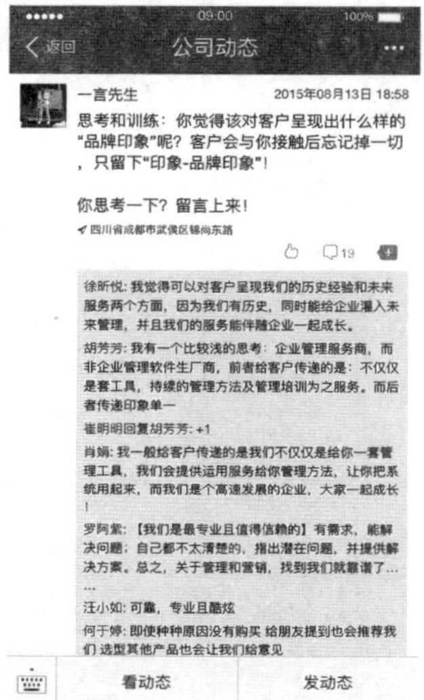

图 5-15　训练类动态

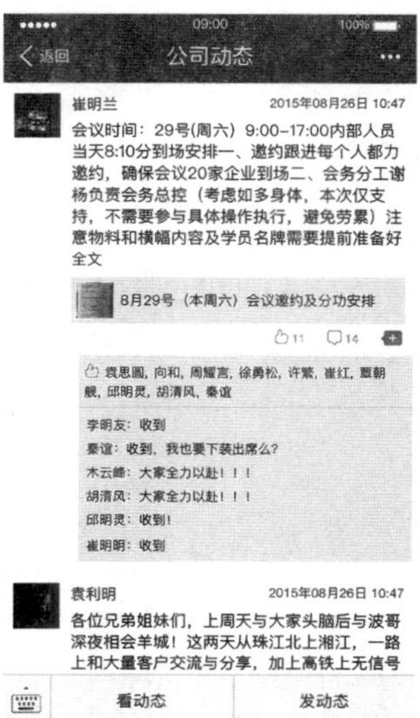

图 5-16　协同类动态

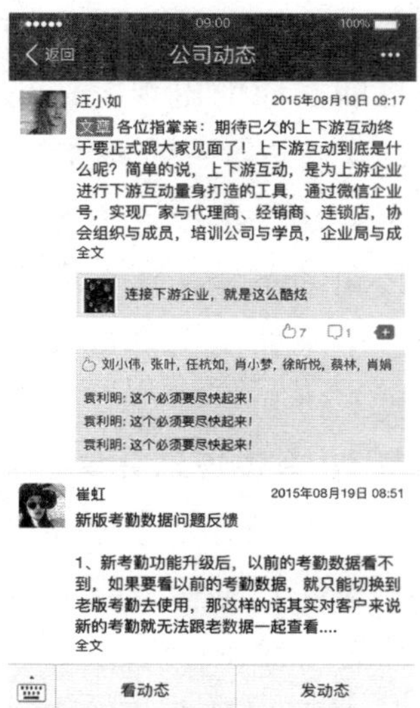

图 5-17　新品发布类动态

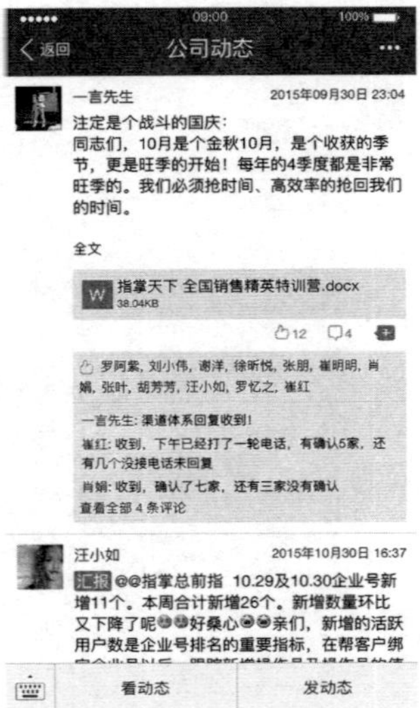

图 5-18　激励员工类动态

图 5-19　发表感想类动态

场景8：有好文章分享一下

微信朋友圈的出现，让我们能获取更多的知识，对很多高质量的文章，我们想第一时间推荐给大家阅读。

如图5-20所示，这类文章以前是发到微信群里，现在可以直接分享在公司动态里，让大家学习，大家还可以回复学习的收获。同时，分享下来的文章将被永久保存在公司系统里，不像微信群那样很快就找不到了。

场景9：会议现场分享一下

如图5-21所示，无论是外出学习，还是参与公司各种营销活动，我们都可以通过“图片+文字”的方式，快速分享前沿活动动态。这样做的好处有三点：

第一，可以让公司领导快速掌握活动现场情况，如亲临阵地一般。

第二，可以形成公司营销活动的沉淀，让后来者借鉴和学习。

图 5-20　好文分享类动态

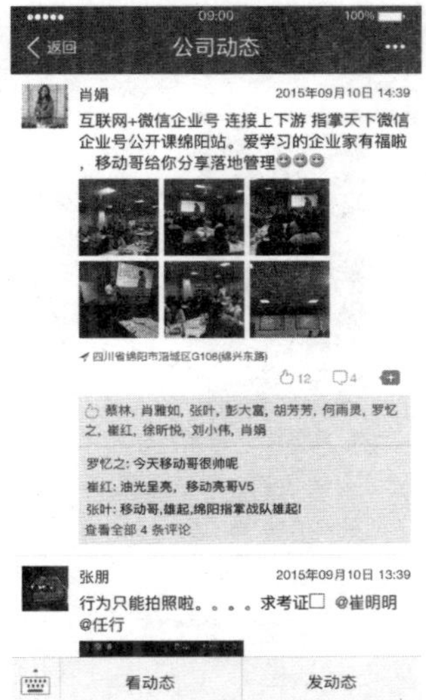

图 5-21　现场分享类动态

第三，可以形成各个部门或分支机构的活动PK，看谁的活动办得更好。

场景10：老总高兴嘉许一下

好孩子是夸出来的，同理，员工也需要得到嘉许。尤其是员工完成签约、突破难关或者取得成绩时，领导如能及时给予嘉许，势必会给员工足够的鼓舞，让员工带着满满的能量进行下一步的工作，并能激励其他员工向榜样学习。如图5-22所示，随时随地发现美，随时随地赞一个！

场景11：同事间相互鼓励一下

有句话是这么说的："上层社会人捧人，中层社会不理人，下层社会人踩人。"一个公司是否有互相嘉许的氛围很重要。宽松的，竞赛、竞争但不斗争的工作氛围，会让同事间形成惺惺相惜的氛围，让大家以一种谦卑的心态积攒学习的动力。如图5-23所示。

图 5-22　嘉许员工类动态

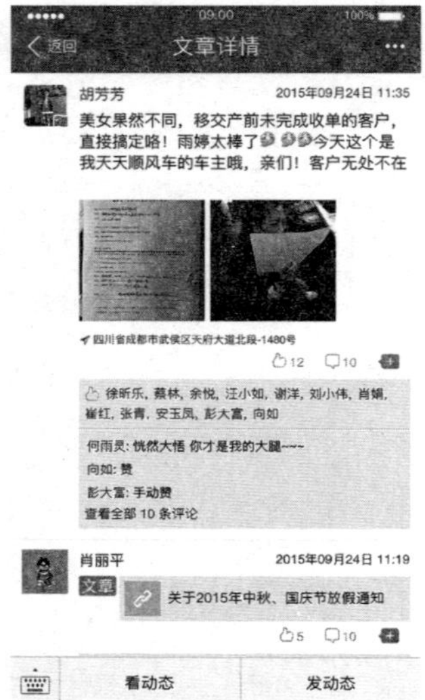

图 5-23　同事间鼓励类动态

场景12：签单自我展示一下

孩子得了100分一定会第一时间告诉爸爸妈妈。如图5-24所示，当一个新员工实现了“0”的突破后，我们可以想象他是多么希望有人给他竖个大拇指！企业必须给员工提供自我展示的场，让能量回流！上级主管领导也需要在这个时候像父母一样给予员工大大的激励！

场景13：建议想法说一下

人们喜欢发朋友圈，是因为它满足了人们刷存在感的需要。同样，“80后”“90后”在公司最需要的是存在感，而不是默默地工作。对于员工来讲，薪水是必需的，但存在感能让他们工作时更加有动力。

在“互联网+”时代，人人都是产品经理。如何激发所有员工的灵感，让大家参与到企业创新中去，企业需要有氛围和通道，让员工随时随地提出建议、随时随地露一手。图5-25中所呈现的状态，就是企业创新基因的源泉！

图 5-24 自我展示类动态

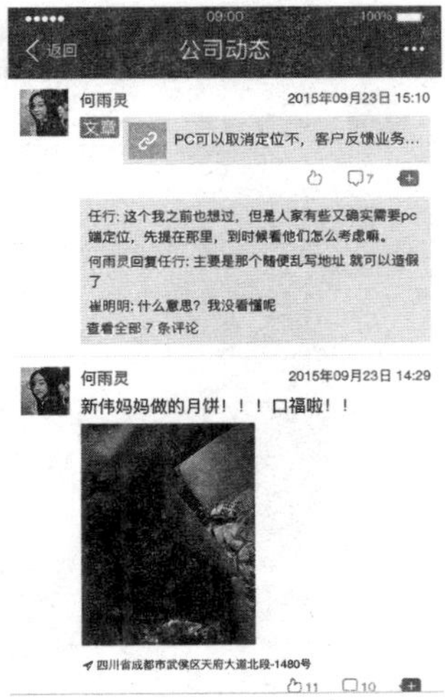

图 5-25 意见建议表达类动态

场景14：成长感悟分享一下

人带人，累死人。如何让高手的经验得以传承？图5-26中所呈现的做法值得参考。

企业需要营造每个人都必须“露一手”的氛围，让每个人开始思考，让大家在工作中“秀出不一样的我”，让企业成为一个“高手亮相，互相比拼”的道场！

场景15：加班深夜感触一下

作为领导者，你知道手下加班到深夜的想法吗？

由图5-27可知，他们需要存在感！所发感触，一来是表明他们很辛苦地在战斗；二来是表明加班出了成果。

他们需要鼓舞！

场景16：外出拜访秀一下

如图5-28所示，外出时给大家通报一声：我在这里！也许是因为见了一个大客户，也许是因为见到了一个牛人，也许是因为看到了很美的风景。

工作就是生活，生活就是工作！

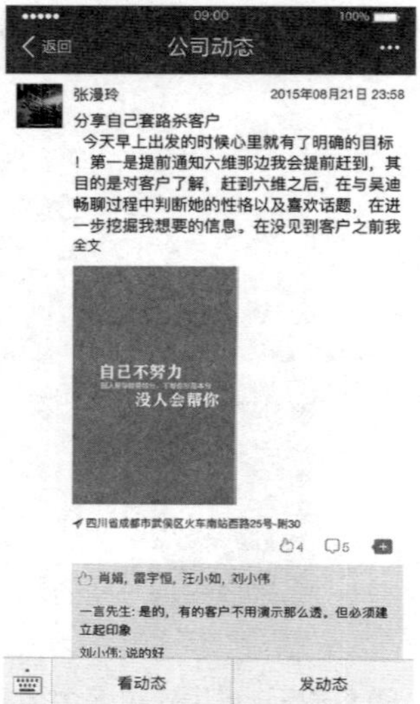

图 5-26　经验感悟分享类动态

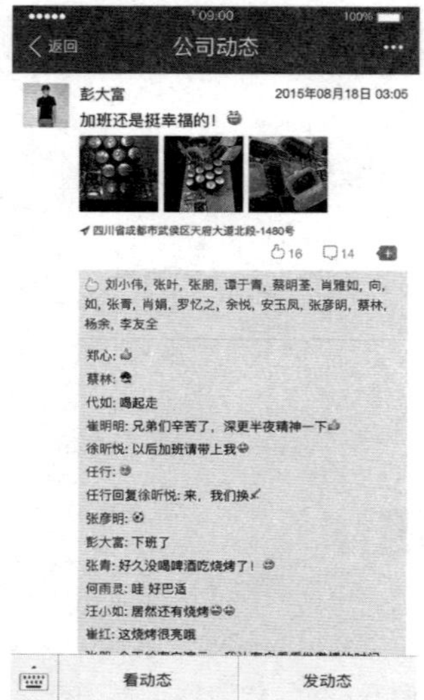

图 5-27　拼搏类动态

图 5-28　生活类动态

场景17：业余生活秀一下

你有想过员工除8小时工作之外，也愿意在公司内分享自己生活中的风采吗？

对外出游玩、结婚生子、丰盛晚餐等活动，你若愿意分享到公司平台，如图5-29中所呈现的那般，就表明你和公司是一体的！

场景18：心灵鸡汤灌一下

一个公司的正能量场，如果只是老板或管理者分享，是否就意味着是一言堂呢？

公司需要营造出大家都来分享正能量观点的环境，就像图5-30中所呈现的动态一样，面包要有，鸡汤也需要。

成年人不需要被教育，但需要时时被提醒！

场景19：同事萌点调侃一下

在办公室，你发现某个同事有点萌，不妨评论调侃一下，就像图5-31中所呈现的那样，你可以想象一下大家会有多欢乐。

快乐就是我愿意，快乐就是生产力！现在的公司有很多“80后”“90后”，他们因为在公司里觉得快乐，在团队里感到开心，所以工作起来非常有干劲！

场景20：新员工来了欢迎一下

新员工来了，他们会想什么呢？新员工来了，老员工能做什么呢？如何营造出一个最受欢迎、最有效果的新员工介绍情景呢？

想象一下，当新员工进入公司系统，首先映入眼帘的是欢迎自己的画面，这是什么感觉？用图5-32中所呈现的欢迎方式，让新员工感受到浓浓的存在感，也为老员工提供一个向新员工介绍自己的机会。老员工是否热情，新员工能否快速融入公司，在他们打开软件系统的那一刻就决定了！

场景21：福利来了说一下

公司发奖金或各种福利时，员工领了以后再通过动态告诉大家一遍，营造的就是正能量！图5-33中所呈现的就是一个绝佳例子。

图 5-29 生活展示类动态

图 5-30 心灵鸡汤类动态

图 5-31 打趣调侃类动态

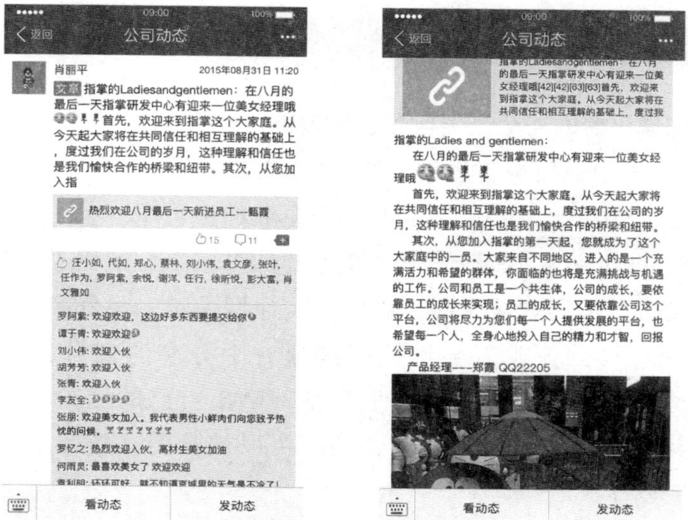

图 5-32　新人欢迎类动态

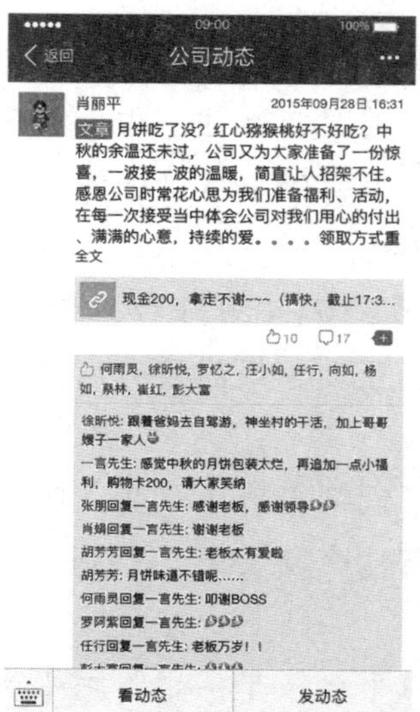

图 5-33　发放福利类动态

看到大家开心的样子，作为管理者，你就会明白：福利发放，得用这个方式！

2. 沟通平台的 4 个显著自我管理效果

（1）不用强迫员工思考，鼓励8小时之外分享。

目前“80后”“90后”已经成为企业的主力军。

这样的年龄层决定了企业的管理方式需要做出改变。“80后”“90后”不喜欢被束缚、被要求，他们爱晒、爱分享、爱秀。

这个时候，企业需要给他们搭建一个分享的舞台，给他们一个自由沟通的空间，让他们可以尽情地晒出自己的经验、心得、感悟、推荐等，让他们成为中心，随时可以被赞美、被夸奖，以调动他们的积极性。

如果企业无法营造出一个“员工学习分享”的场，那该如何去检验员工是否在思考呢？如果员工不分享出来，又如何传承和形成知识沉淀呢？

通过这样一个简单分享的平台，搭建专属于企业的“工作圈”，你会发现，周末的时候，他们也会到公司动态上分享心灵鸡汤；周末的时候，他们也会分享自己的成果；晚上10点了，他们还在分享今天的反思和收获。

你会发现，管理者一个人的舞台，会逐渐变成大家共同的舞台，大家都主动分享、互动，最后管理者反倒成了看客，看大家主动思考和分享。

在我们公司，员工们都养成了一个习惯，每天早上起床都要打开公司系统看看有没有什么新动态，否则心里便感觉空落落的，总觉得有什么事情没做。

这是一个知识分享平台，是一个学习平台，是一个生活和工作融为一体的平台。

（2）不用逼迫员工拼命。

经常听到企业家说自己的员工“上班一条虫，下班一条龙”。

作为老板的你，有没有发觉自己上班的时候无精打采，半夜聊微信却神采奕奕？

企业肯定希望员工在下班之后也能够随时思考工作，在8小时之外也能够自我学习和成长。事实上，企业家需要的不是员工24小时都在工作，而是希望看到他们在工作之余，还能随时思考如何改进；在周末休息的时候，还能随时有成果。

随时随地分享心灵鸡汤，大家时刻充满正能量；晚上还在汇报工作，自动启发其他同事。这样的场景，在践行上面提到的方法、重现上面提到的事件后就会出现。

每个人在公司里面的分享，都会形成他自身的“微博”。要想了解一个人，仅看他的动态，基本上就可以看出此人的分量。一个新人告诉我，他进公司后，翻开我所有的动态，通过动态看到了一个活生生的我，这使他产生足够的信心和满满的正能量。

以上场景是“企业动态”这个类似朋友圈的功能对企业产生的管理效果。作为企业非常重要的“群体沟通工具”，它更加迎合“80后”“90后”喜欢实现自我的心态。

（3）给别人点赞，给他人评论，秀出工作中不一样的自我。

和传统OA那种冷冰冰的沟通方式相比，这类如同微博或朋友圈一样的沟通方式，会使办公更加快乐、更加轻松，使沟通更加人性化。

同时，开放的沟通环境，很容易形成一个“人人要分享”的场，而这个场使企业氛围从传统管理模式的一言堂变成“人人参与”，使员工的创造性和灵感得到充分释放，是打造互联网思维组织的必要组成部分。

（4）活生生地呈现公司动态，知道公司每天都发生了啥。

让高层思想落地；

让员工思考呈现出来；

让知识分享出来；

让成果亮相出来；

让灵感释放出来；

让企业文化“活”起来；

让传达到位、制度上墙、战况刷屏……

老板说：随时知道公司每天都发生了啥；

经理说：随时随地都可发号施令；

员工说：每天醒来打开微信，就想看看公司动态，否则心里觉得空落落的；

新人说：要想了解一个老员工，看他动态就够了；

HR说：简直是个满满的正能量场啊，热火朝天。

我们可以看一下是不是有如下效果。

公司最新动态——公司每天发生了什么？

晒出员工的存在感——秀出工作中不一样的我。

打造团队PK的战斗感——战况刷屏营造紧张氛围。

成员互动带来的归属感——8小时之外也在关注公司。

其实，归属感、存在感、融入感和战斗感都是企业打造正能量的文化场的结果，由此产生的吸引力能把成员紧紧围绕在企业周围，成就特有的企业文化。

此时此刻，我们已经搭建了互联网化的办公室，连接了员工、老板、思想、时间和空间。这就是连接的魅力！

二、工作审批：随时随地，不用回公司签字

企业微信自带审批功能，但由于企业微信系统无法和CRM互通，因此无法形成以客户为中心的沉淀。

员工：老板，跪求报销啊，都快没粮啦！

老板：回到公司，办公桌上有一堆签字文档，头大！

签字，对于很多老板来讲，是一件两难的事情。回到公司，办公桌上有一堆需要签字的文件，都给签了吧，既影响工作效率，也影响心情；不签吧，容易出问题。

如何做到“随时随地签字”呢？我们可以看看下面的案例。

案例：长沙某网络科技有限公司

企业介绍：集研发、生产、销售为一体的互联网产业高新技术企业。

行业：集汽配研发、生产、销售为一体。

人数规模：60—80人。

老板经常在外出差，需要随时随地处理各种审批。所有的单据申请，老板都可以直接在手机上看到，而且马上就能处理，只要用手指轻轻一划，审批就能轻松搞定，真正实现零距离、零时差完成审批。只要有审批申请，老板的企业微信第一时间就能收到消息，全部待审批项目一目了然，如图5-34所示。

合同审批清清楚楚，如图5-35所示。

在线费用审批，比在原始单据上签字更清楚！

我们假设一个场景：员工出差回来，拿着厚厚的一沓发票请你签字，当员工站在你的面前等你签字时，作为老板的你难免会有些尴尬。签吧，这些钱你都不知道怎么花的，因为从发票上是无法看清楚费用的实际花费情况的；当着员工的面仔细看吧，难免会让员工觉得不被信任。

使用了企业微信的审批功能后，员工的报销申请是否按照计划花费、有无出差申请、具体花费明细及原因都有分类和明细描述，再也没有比这更详细的费用说明了。如图5-36所示。

图 5-34　企业微信审批实例

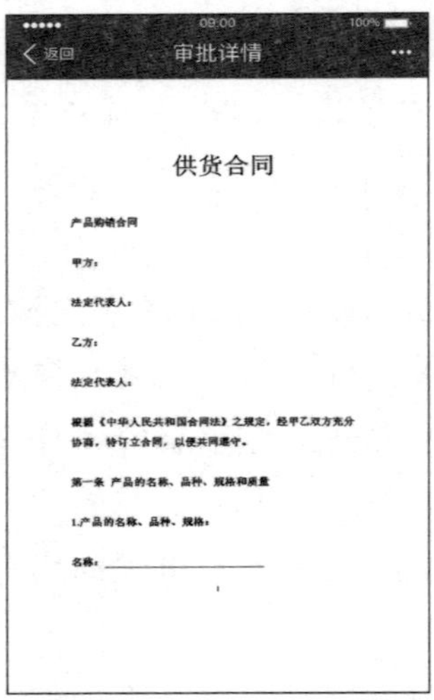

图 5-35　企业微信审批合同附件

图 5-36　企业微信详尽的审批界面

附加效果：

在一个城市的酒店住宿后，曾经住过的酒店费用都在系统里面，方便后来出差的人找到该酒店，且报销住宿费用一般不会超过该住宿费用；所有签字过的都被保留下来，不用找财务翻原始凭证，就可以调出所有的费用花销情况。

传统审批的劣势：

- 在外出差时经常收到员工短信，心里着急却没办法签字；
- 回到公司后发现一堆报销单堆在桌子上，花半天的时间，还要一个个问；
- 很多业务时间很紧急，但是卡在签字上，导致这些业务不能得到及时处理。

1. 员工出差申请与费用管控

首先，员工出差，需要在软件里面写出差申请，关联上出差拜访的客户，报上级主管审批，并抄送财务和商务人员。

其次，填写费用申请单，报上级主管审批，关联上出差拜访的客户，并抄送财务和商务人员。也可以把上面两个步骤合在一起。

最后，在出差回来时，需要写出差总结，关联上出差拜访的客户，同时附上费用报销明细，报上级主管和财务审批，并抄送商务人员。

要让执行到位，就必须借助软件工具，我们可以看到该出差流程管理中的几个控制点：

第一，不写出差申请，员工就不能出差，这样便于上级指挥；员工写了出差申请，上级还可以帮助员工明确出差目标。

第二，出差回来后必须写总结。很多时候，员工出差回来，不及时写总结，甚至还得上级主管催，员工可能会找“出差太累，没来得及写”的理由，让管理者不好意思催促。

第三，费用报销时，只有写了出差总结才能报销。这样，就把出差流程管理得滴水不漏。

第四，关联上拜访客户，就可以看到员工去哪个客户那里出过差，以及出差的洽谈内容等工作结果。

费用管理思路：

（1）建立使用信息化管理费用申请和报销的制度。

（2）所有费用申请和报销一律通过线上处理，审批通过线上签字。

（3）财务根据审批人的意见，以及网上填写的费用单进行审核。审核过后安排资金发放和费用报销。

2. 固定资产采购需关联上采购单位

我们公司曾经采购了一批办公桌椅，购买时，商家承诺5年保修，结果在第3年时就出现很多桌椅坏了的现象，由于当时经手人已离职，报销时将桌椅作为固定资产入库，根本没有留下任何采购单位的信息，所以公司只好自己掏钱找人维修。其实，在企业经营过程中，有很多采购都需要关联上往来单位，否则最后都会找不到采购单位。

在采购报销时，必须要求他关联上往来单位，否则不予报销。通过对这方面进行控制就可以解决许多隐患。

3. 流程审批避免死无对证

我们公司在全国拥有1000多家代理商，经常会遇到特价申请。有一次，我口头交代商务给某某代理发一套货，出货价格是5万元，结果出库单上商务以3万元的价格发出去。最后被发现时，商务小姑娘辩解说“明明记得您交代的是3万元”。我无言以对。吃了哑巴亏后，我颁布规则，凡是我的口头授权都不算数，必须经过系统签字。自此之后再也没发生过类似事件了。

带来的管理效果：

（1）管理者可以随时随地进行审批，不用去公司，也不用在原始单据上签字。

（2）所有费用都保存在信息化系统里面，不会因为原始单据被制作成凭证而无法翻阅。

（3）费用的统计和查阅可以随时随地进行，不用问财务或进行统计，及时性大大提高。

（4）费用报销的速度大大加快，不会出现排队签字现象，更不会出现无法签字、业务无法处理的现象。

（5）避免了管理黑洞现象。如印刷一批物资，因为人员变化，印刷厂报价过高。历史报销及合作单位信息可以全部查询出来，从而杜绝了贪污及出价过高等现象。同时，合作伙伴的资料也通过报销时必须填写的资料等控制手段保存下来，从而避免了以后找不到合作单位和联系人的现象。

图 5-37　自助查询工资

三、工资条：自助查询

你的员工会不会经常来问你或者财务：工资是不是发少了？事实上并没有发少了。遇上这类事情，我总觉得有点烦躁，但还是得告诉员工他的工资构成是怎么计算的。使用企业微信工资自助查询功能后，只需要财务导入工资表格，呈现如图5-37所示的效果，员工就可以自助查询，也就不会来麻烦你啦！

四、员工生日时自动提醒全公司

很多公司都会给自己的员工庆生。若以企业微信为载体，我们会采用如下方式：设定系统自动提示全公司某人生日，然后他会收到全国各地同事的祝福，这会让员工产生满满的幸福感和归属感！如图5-38所示。

对于搞企业文化比较困难的企业，庆生就是一件说大不大、说小不小的事情，有了这样的生日管家，你再也不用用心记下全部员工的生日啦。员工也会更信任你！

企业微信，为你提供诗一样的工作方式！

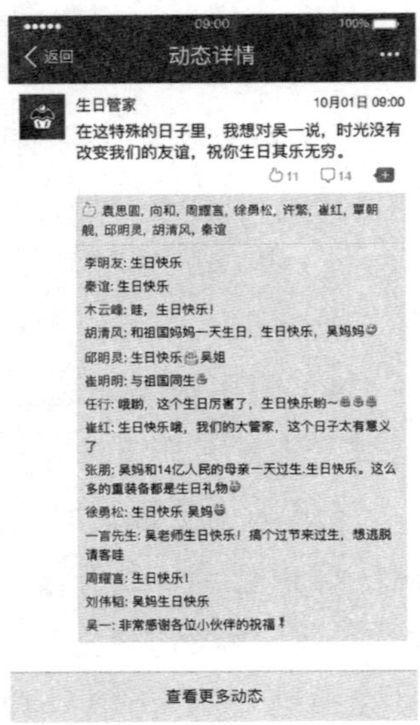

图 5-38　生日消息自动提醒

五、制度流程管理：不用培训，实现复制

我们公司发生过这么一件事：

有一位新员工是退伍军人，为人很讲江湖义气。第一次出差就碰上代理商开客户研讨会，由于会议结果比较好，他有些兴奋，就做了两件事：自己和酒店结算了所有会议费用，并邀请大家晚上一起聚餐。回到公司报销时，他被卡住了，因为这些费用统统不属于我们公司该承担的范围。他花了2万多元，不报销肯定不行！最后的结果是，对员工进行说服教育，告知他以后应先了解公司制度再按制度办事。

员工因为不了解制度而办错事的案例比比皆是。这是企业管理在制度执行层面不尽如人意导致的。要么没制度，要么虽有了制度但员工还是不清楚，员工总是在犯错之后才知道制度。

比如，员工经常问财务和上级如下问题：出差补贴的标准是什么？发票怎么开？报销找谁签字？工资什么时候发？上下班时间是什么时候？个人所得税怎么扣？考勤怎么奖罚？请假怎么扣？

你会发现，员工有无数个问题！被这些问题包围后，财务和上级管理者只能成为“回答制度的机器”！

应该如何把公司制度梳理得更清晰，如何让员工自助查询和遵照制度执行？

方法很简单，把制度形成文字，然后分类归档，如图5-39所示。

无论是出差费用报销标准还是转账打款标准，都可以通过微信或手机直接查看，比如出差标准是多少、报销流程是怎样的；一旦制度有调整和更新，也可以第一时间发送更新公告，通知到每一个人。

各种制度的规范是公司治理的基础。比如，让新员工知道上下班时间、发工资时间、开会规定、所得税算法等与他们相关的小问题，公司就会治理得更顺畅。就好比柳传志所说的，撒上一层土，

夯实，再撒上一层土，再夯实。企业治理就是这样的，发现一个问题，就规范一个流程，企业治理慢慢就能实现标准化了。

图 5-39　制度归档管理

其实管理本无大事可言，只因小事变烦事、烦事变大事而已。

——一言先生

传统制度流程的劣势：

- 制度流程都在财务或行政那里，他们整天在回答制度问题；
- 一旦制度有更新，需要将其重新打印，其他人也无法随时了解制度更新情况。

六、知识管理：知识复制标准化

前面章节写到“让业务人员如流水线一般生产出来”，但那只是针对业务流程而言的，至于业务员应按照怎样的方法和步骤开展工作，以及对顺利开展业务所需要具备的知识，并没有提及。

中小企业没有健全的人力资源部，很多时候是师傅带徒弟的模式。人带人，累死人，一代不如一代人，最后只会像刘备一样后继无人！

让我们检视一下自己的公司：新员工进公司之后，是自生自灭，还是师傅带徒弟，或者是靠系统去培养人？

很多新员工试用期还没结束就成为老油条！为什么进公司时激情万丈，没几天就没有活力了呢？公司曾经有很多业务高手，为什么都没有一代一代传承下来呢？

很显然，企业需要一套知识复制体系，做到“人在有改善，人走无影响”。

这就要求企业统一方法。没有统一方法，就容易出现个人英雄主义，企业就不能形成团队统一作战的能力；没有统一方法，对于管理扩展来讲，就没有一套可以复制的套路化的管理方法。

统一方法，就是要建立像麦当劳那样的套路化复制系统。为什么麦当劳三件套（薯条、汉堡、可乐）可以打天下？因为它有一套健全的复制体系，在世界上任何一个角落的麦当劳餐厅吃到的东西都一个味道，每个门店的装修都是一样的；薯条炸多少时间，汉堡直径多大，柜台多高等，这些都是标准化的。

统一方法，就是要向学校学习，建立一套坚实的教育培训系统。为什么学校可以把一个个懵懂的孩子培养成国家栋梁，因为学校有一套坚实的教育系统。

企业最大的负债就是没有经过培训的员工。我们的企业，尤其是中小企业，没有健全的人力资源。人总是来了又走，走了又招，企业在关键时候想用人却发现无人可用。

1. 新员工培养提速 3 倍

在我们身边，企业经常遇到这样的现象：新员工刚来时，很有冲劲，也很上进，但由于培训跟不上，他们往往不到3个月就离开了，或者半年后离开。从发招聘告示到面试，再到培养和管理，企业在新员工身上花费的远远不止支付的工资，可到头来还得重新招人。

创业早期发生在我身上的两个例子，让我刻骨铭心。

我看好的一个销售人员，在公司上班3个月后，有一天问了我两个让我哭笑不得的问题。

第一个是："杨总，什么是软件，什么是硬件？"

第二个是："杨总，我们做软件，微软也做软件，金山还有WPS，我们之间有什么区别？"

这些在老员工看来可笑的问题，对新员工来说却是稀里糊涂不得其解的。

其实，我们的新员工一进来，我们只需要花10分钟时间告诉他们，我们是IT行业，什么是硬件，什么是软件，再给新员工做1小时的"软件及管理软件的分类"培训，就可以了。比如，我会说我们是做进销存起家的，面对的是中小企业，进销存领域一直是我们在国内做得最好的。××公司是做财务起家的，××公司有ERP，我们之间的区别和联系是怎样的，各自的擅长领域和各自的市场定位是怎样的。新员工听了这些很快就能明白了。

我们在做传统CRM且培训新员工时，会给大家培训CRM的行业情况，我惯用的例句是："我们的CRM因为有了'局外管理'思想，从而成为国内第一个拥有管理灵魂的CRM。"这一下子就能把我们和同行区别开来。

如今，我们在做移动CRM，我会向新员工介绍，我们是国内唯一一家在市场上存在19年的大牌CRM厂商，再加上我们有国内第一个微信企业号CRM，我们可赋予移动CRM更符合社交时代的"连接内部协同和外部营销，突破企业边界连接上下游"的定位，使其以"营销CRM——会营销的移动CRM"的品牌形象区别于同类产品。这样介绍就能让大家对我们的基本信息很清楚了。

看起来很普通的培训，都需要套路化、教材化、讲师化。否则，就会陷入“人带人”的地步，无法快速批量复制人才。

我们建议人员培训按照如下套路进行，即新员工从接到录用确认函到来公司上班，应接受如下安排：

（1）指定导师。我们有成形的导师制度，导师一般为公司的老员工。

（2）阅读新员工入职须知，知道日常作息、管理制度、办公系统等要求。

（3）投石问路制度。人力资源部指定几位老员工，让新员工主动找老员工沟通1小时以上，从而让新员工快速融入公司。

（4）企业文化培训。

（5）上岗培训。拿销售员举例：第一天，了解公司，有教材，有汇报标准和检视标准；第一周，了解产品，有对应的教材，有汇报标准和检视标准。这里重点提一下首周感想。首周感想是新员工进入公司后的感想。一方面，可以从新员工角度找到公司不足；另一方面，可以看出该员工的价值观、是否有上进心、是否善于思考、是否有主人翁精神等。

（6）首月感想。同首周感想，新员工进入公司第一月应该比第一周有更多的感悟。

通过10多年的管理沉淀，我们发现，这套体系很有效，可以让新员工成长和培养的速度提升至少3倍以上。

2. 不用担心试用期员工状态

如何把握试用期新员工的状态呢？

我们建议你设置一个“新员工首周感想”模块，由此去看看两个指标：新员工是否及时写周感想；新员工在第一周后的思想汇报情况。

我们来对比一下来自我的公司的两个新员工的首周感想，如图5-40和图5-41所示。

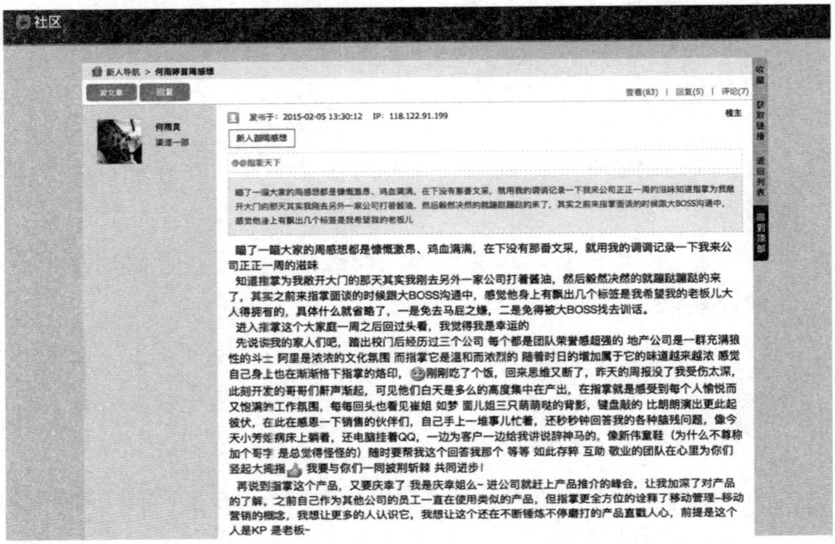

图 5-40　员工 1 首周感想实例

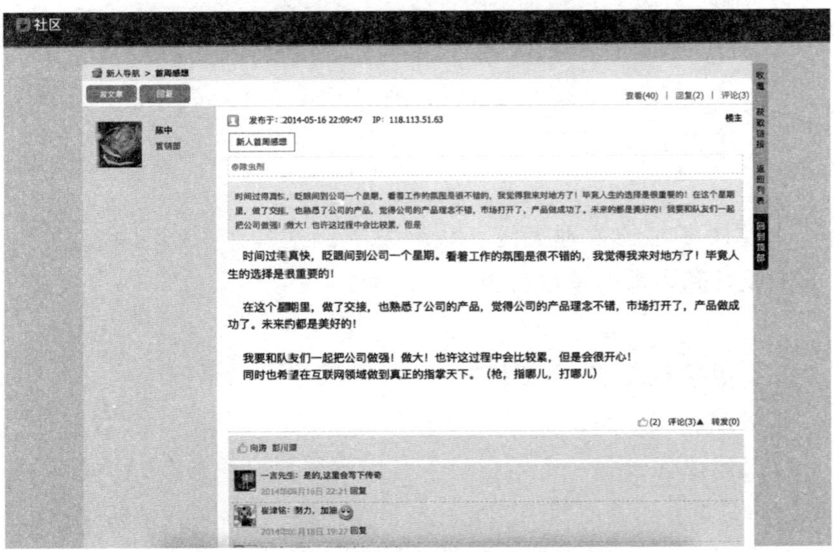

图 5-41　员工 2 首周感想实例

我们需要做的是，为新员工提供一个尽情展现自己思想的舞台。新员工在第一周的周感想，是建立自己个人品牌的最重要的一个思想汇报，我们需要营造的是让新员工能用心思考和汇报的氛围，要让他们产生深深的存在感！

3. 老员工知识沉淀，高手经验不失传

企业在关键时候想用人，却发现无人可用。出现这种现象的原因是，老员工培养体系有问题，无法快速把做得好的员工的智慧沉淀下来。

企业最好的培训，不是请外来的老师来培训，而是将企业管理经验丰富的人的智慧集中起来的培训。

我们在老员工培养方面，建立了“三个一”工程。

一套体制。主要指培训流程等培训体系。我们每周都开视频培训课堂，针对的是全国办事处员工和全国经销商体系。有我自己讲的，但大部分都是员工自己讲的。

一套教材。我们对过去的资料进行了产品化，因为资料多了，有的过时了，有的不完整。我们每过一段时间就会推出一个新资料包的版本，同时形成一套教材。

一套讲师。我们鼓励员工走上讲台。每个员工都可以申请做讲师，只要讲课的课件经过认证，每培训一堂课还能拿到讲师费。现在，公司里掀起了一轮又一轮学习的热潮。

按照这样的思路，我们建立起了新员工和老员工培养的套路化体系，让信息化平台成为一个24小时开放的办公室、一个24小时开放的图书馆，员工可以自助地在这个平台里面找到各种知识和资料（见图5-42）。我们在全国

图 5-42　知识管理归档

拥有1000多家代理商，上万名销售人员都依赖这个系统自学。没有这个系统，他们的成长将会很慢。同时，代理商也能在信息化平台上找到很多可以借鉴的方法。这些资料包括产品资料、营销资料、服务资料等。

常有人说很多“80后”“90后”不爱学习，我从来不这么认为。我认为，那是因为企业没有提供好的学习资料给员工。我们的很多客户使用了这一方法后，新员工沉迷到“坐在马桶上都在学习”！

是的，只要借助移动终端，把这些资料做成“电子书”，员工在公交、地铁上就可以学习！

有一次，几个培训界老师在讨论如何搭建学习型组织，大家都谈得很系统，我只说，“借助技术手段，利用微信和企业微信，做成电子书，让员工们坐在马桶上都在学习，是最立竿见影的办法”，并当场给大家演示，得到大家的一致好评。

除此之外，人才培养还必须借助一个手段，那就是考试。如图5-43所示。这里不做过多展开。

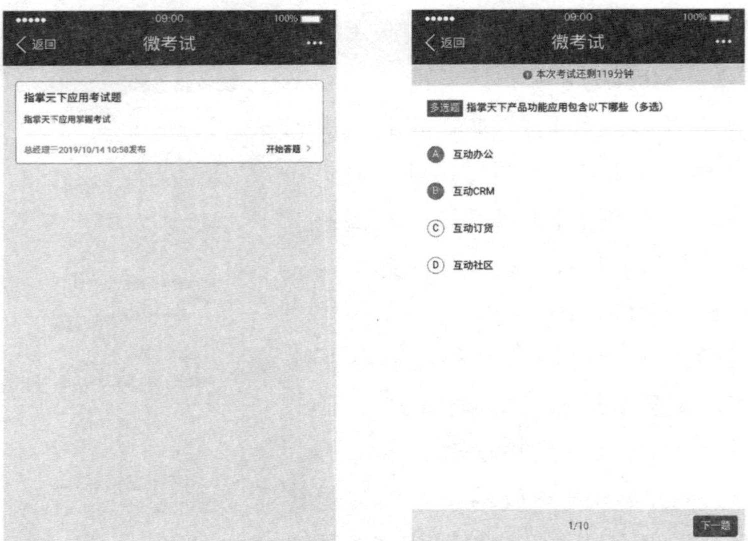

图5-43　微考试

案例：不用担心学习和培训效果

企业：杭州某贸易进出口有限公司

行业：进出口贸易

人数：200

每次组织的员工内训结束后，就可以通过在线考试去检验员工是否掌握培训知识，如岗位技能、新产品特色、职场处事技巧等。此外，还可以随时随地在线进行进出口贸易需要掌握的专业知识考核，这大大提升了企业内部人员对专业知识和制度流程的掌握程度。最方便的是每次交卷后，系统还可以自动统计得分，完全不需要人工阅卷。

传统笔试考试的劣势：

● 培训结束，再组织考试很让人头疼，很难再安排一个统一时间；

● 每次笔试需要打印一堆纸质试卷，打印耗时间不说，还浪费了很多纸张，很不环保；

● 考完了还要组织相关人员评卷、阅卷，少则半天，多则一两天，成本太高。

七、企业文化建设标准化：造场

现在请拿起笔，写下贵公司“吸引员工的几个层面”，或者一个新员工在面试时，你需要从哪几个方面去吸引他。

（1）

（2）

（3）

（4）

（5）

看看你写的，与我给出的问题有多少是一致的。

我必须回答员工如下几个问题。

（1）公司是做什么的，以及将带领大家走向何方。

（2）公司的战略。

（3）当前公司的一些情况，如组织架构、业务形态等。

（4）公司有哪些福利。

（5）员工在这里会有什么发展。

回答这些问题前，我们先来看一下一个商务人员的离职案例。

案例：商务人员离职

早些时候，我的公司招聘了一个商务助理，潜质很好，但她工作半年后打算离职，其上级主管和她谈话后还是搞不定。于是，其上级主管请我和该员工谈一下。

我从与该员工的谈话中了解到，其离职的主要原因是“没有发展前途”。

问清楚原因之后，首先，我向她介绍了我们所处的行业，让她内心产生“行业认可”。

其次，我向她介绍了公司的愿景和战略，让其认可“公司选对了”。

最后，我给她分析了她的职业规划：最终可以向销售副总裁助理发展，因为她整天和销售体系交往，对各类数据和市场活动信息了如指掌。

结果该员工愉快地留了下来。

不要强留人，而是要吸引人！只有建立公司自己的能量场，才能吸引员工。

把公司全方位地展示给新员工，让新员工觉得选对行业、选对公司、选对领导、选对工种、选对发展……

很多企业都没有健全的人力资源部，更没有专业的针对新人的培训。在上面的案例中，是什么样的力量让该员工留下来了呢？很显然，是老板能“全方位地营销公司”。而在一个企业里面，谁能讲得最好？肯定是老板！

那么问题来了：新员工进公司后，是否一定要由总经理做培训呢？答案是肯定的！

但总经理总不至于给每个新员工都做培训吧？

一般情况下，总经理很难给每一个新员工做培训，对一次性入职的新人大多可以统一培训，而对单个新人则根本做不到。但企业里面只有总经理对公司最了解，那么该怎么办呢？

这就需要企业搭建一个企业文化的平台，把总经理培训新员工的内容用文字和图片展示出来，让员工知道。从我们大量的企业客户应用经验来看，我推荐大家设计成如下几个环节。

1. 总经理欢迎辞

这个环节，需要总经理把行业和公司展示清楚，让新员工认为“行业选对了”“公司选对了”，如图5-44所示。

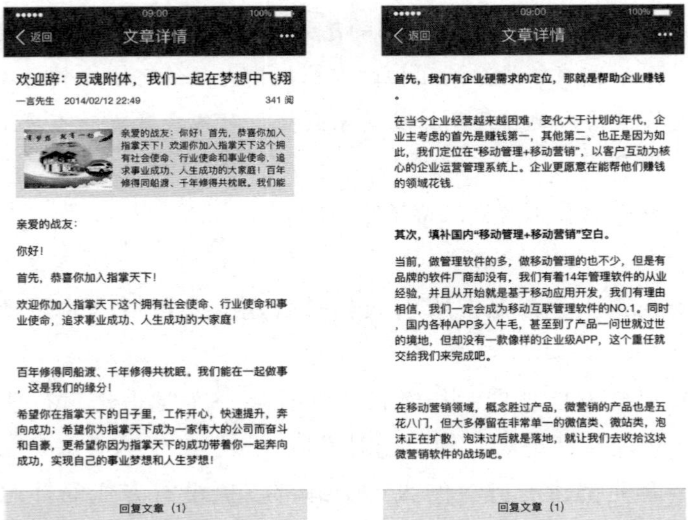

图 5-44　新员工培训欢迎辞实例

范文：

请和我一起做梦

局外管理商学院的战友，我亲爱的兄弟姐妹！今天我要对你们说，尽管当下互联网 + 异常火爆，但真正能够帮助企业实现互联网 + 转型的公司很少很少。大部分互联网 + 提供商，要么提供的是纯概念的培训，要么只做单纯的咨询，而我们有着将近 20 年的企业服务经验。我们带着互联网软件工具，为企业提供"互联网 + 培训、咨询、软件工具"，在课堂上能做到"现场落地、离开课堂即可使用"的模式，我们必将成为"管理咨询界、培训界、软件界"一条靓丽的风景线。我们让管理落地的既有成就，让人义无反顾地进入培训行业，怀有一个坚定而执着的梦。这个梦深深地根植于他们的脑海、他们的骨髓、他们的血液、他们的灵魂。这个梦，让人努力去实现一个伟大的抱负。

我梦想局外管理商学院从不落地的培训领域之中奋起并卓而不群，成为互联网＋培训领域最落地的公司，我们可以做到“现场落地、离开课堂就可使用”。我梦想我的公司成为一个伟大的公司、一个对社会进步有卓越贡献的公司。让培训落地，让管理回归简单，用生命的力量去推动企业自动运营、打造局外管理企业家，不仅让他们知道，更要让他们做到！怀着这个梦想，我将带领大家“以一帮人成就这个企业，以这个企业去成就一帮人”，人活在世上，当有更高的追求，企业强，则中国强，只有这样的追逐才能体现我生命真正的价值。

我梦想有一天，我们中国的企业家，面对企业互联网＋组织转型，不再犯难，凭借自己的套路和方法，让企业从愿景到文化、从管人到管事、从内部协同到外部营销一步步做大做强。一切都是那么顺利，一切都是那么高效，让中国的企业在我们的帮助下腾飞起来，屹立在世界的东方！

我梦想有一天，在我们的周围，有一群专业人士，有一群资深的互联网人士，让局外管理商学院成为“中国实战型互联网＋咨询顾问的摇篮”。每个人心中都有着和我同样的梦想，而不是整天消极、不思进取。我梦想每一个人都成为一个有责任的人，成为一个有爱心的人，成为一个欣赏别人的人，成为一个感恩的人，成为一个顶天立地，且有着远大抱负的人。

我梦想有一天，我们公司不仅仅是一个凡俗和大众的营利性公司，为了伟大的梦想，战斗在这个战船上的兄弟姐妹，在平庸凡俗的商业竞争中，依然满腔热情，狂热于梦想的追逐，决不消沉、懈怠和平庸，像革命红军虽翻山越岭、踏雪趟水、草根树皮果腹却为信仰忠贞不渝、毫不动摇；梦想局外管理商学院的事业大厦在平庸的商业组织之中，一直巍峨挺拔、高高耸立！哪怕遇到飓风骤雨，我们都会拼死捍卫我们的战船，只要一息尚存，我们就要坚持到底！即使被风雨吹打得七零八落，挂着“让管理回归简单”的帆的桅杆也将巍然屹立在狂风暴雨之中！而作为船长，我将为这样的生命旅程，以及生命的顽强和梦想的璀璨感到自豪！

我梦想有一天，打造出一个“头并着头、肩并着肩”前进的组织、一个屹立着丰碑的组织、一个在一起可以不断提升和成长的组织、一个温馨如家的组织！没有任何事情能够动摇我实现梦想的信念，我们为梦想而奋斗过程中的困难和嘈杂之声，都在为我们壮行，那是一曲曲英雄的赞歌；有了这个信念，我们就可以一起工作、一起奋斗、一起学习、一起成长、一起快乐、一起开心、一起失落、一起挣扎！

公司还在成长期，我们要一起去呵护这个婴儿，她还在襁褓中嗷嗷待哺，她还很脆弱！为了这个婴儿的茁壮成长，大家要用父母的爱去养育，而不是像保姆一样，不得不去照顾！不管风雨交加，不管身体脆弱，哪怕身躯渐渐老化、肉体渐渐逝去和消亡，我都将为这样的梦想奋斗终生，我也渴望各位水手和我一起“头并着头、肩并着肩”，奋勇前进！生命更加怒放，这就是怒放的生命！

你也有和我同样的梦吗？

这份总经理的欢迎辞比较感性，能让新员工热血沸腾，也能让他们感受到公司和一把手的格局！

2. 公司介绍

很多公司都有公司介绍，我主张的公司介绍需要充分凸显出公司的力量，这其实也是一份“销售公司”的文档。这里就不举例了。

3. 福利制度

公司的福利制度，也需要公司详尽地列出来，虽比较麻烦，但这是一件一劳永逸的事情。公司需要花时间把公司的福利制度整理出来，让员工一看就觉得很有吸引力。

4. 文化天地

文化天地，就是营造出一个家的氛围。案例如图5-45和图5-46所示。

案例：移动互联之旅——西昌行

图 5-45 移动互联之旅——西昌行

案例：畅游若尔盖，天下指掌间

把这些图片资料留下来，一则给公司老员工看，让他们可以回味；二则给新人看，让新人感受到文化的氛围。

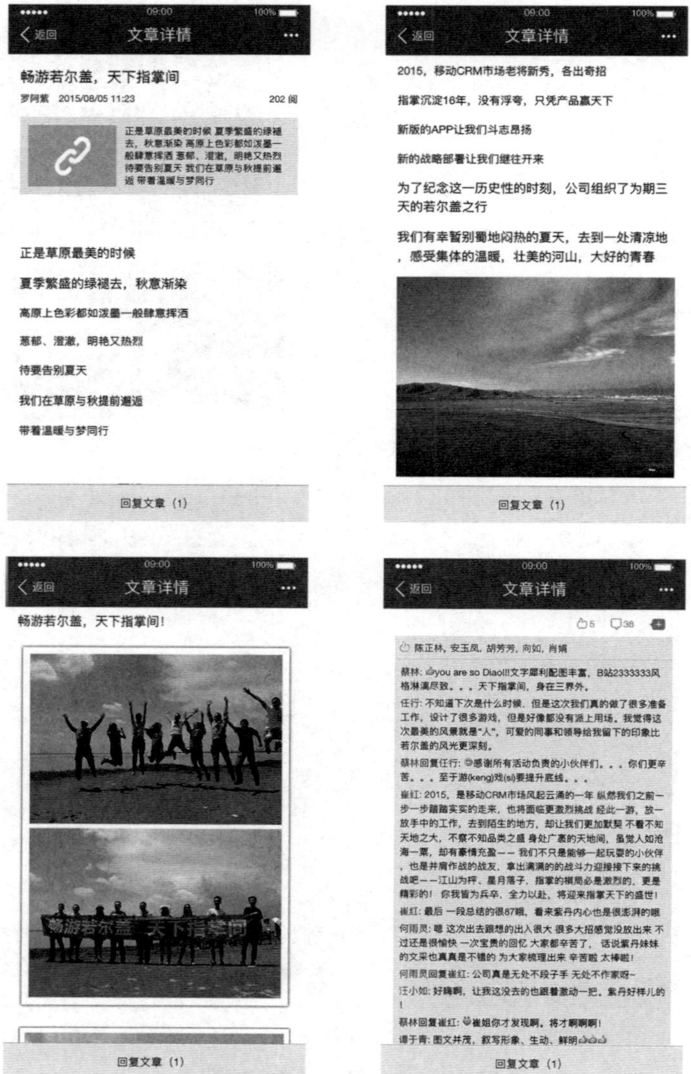

图 5-46 畅游若尔盖

5. 组织结构

你需要让新人知道公司的组织架构，让他们对公司情况有大概的了解。

6. 职业规划

让员工明白自己以后的职业规划。

7. 荣誉馆

各级荣誉，需要公司专门管理和沉淀下来。

8. 离职功勋员工

对于一些功勋员工，哪怕他们离职了，我们也要有人情味，承认离职功勋员工的贡献。这其实也是在营造一种家文化。

9. 大事记

自公司成立至今，有很多大事件需要记录下来，哪怕就一句话、一张照片。等公司举办10周年庆典的时候你就会发现这些记录的珍贵。

经过这样全方位的介绍，你的企业还会没有吸引力吗？作为一把手，你想说的话，可以统统在这里呈现出来，营造出巨大的能量场！

作为一名新员工，你会不希望在这家公司好好表现吗？

至此，你已经营造出一个“具有强大吸引力的公司能量场”，深深地吸引着员工。

企业传统文化建设方式的劣势：

- 没有文化沉淀，团队没有归属感；
- 每次团队活动结束也就结束了，没有任何的沉淀；
- 很多大事件没有记录，时间久了就被遗忘了。

打造你在互联网时代的“场”

简单展示企业文化造场后，我们接下来深入阐述如何造场，以及如何借助互联网信息化工具来造场。

企业办公区经常会有很多张贴画。这些贴画仅仅表明公司有点正规而已，似乎跟公司文化没有什么实际关系。正如很多企业家所说，我们企业很有文化，但员工能感受到企业文化吗？文化绝对不能只是墙上的大字报！

新员工来了以后如何感受到文化？老员工如何感受到文化？如何让员工在日常工作中感受到公司文化的力量呢？

一、人的改变，取决于内因还是外因？

有时候，你想教育员工，但搞了半天会发现自己是在对牛弹琴。

我们来看看外因对人的影响。

橘生淮南为橘。这个俗语相信大家都耳熟能详，连水果换了环境都会水土不服，何况是人呢？

近墨者黑。前句是“近朱者赤”，相信大家对其寓意也不陌生，人不能跟对自己有不好影响的人在一起太久，否则会被影响。

鲶鱼效应。挪威人喜欢吃沙丁鱼，尤其是活鱼。市场上活鱼的价格要比死鱼高许多，因此渔民总是想方设法地让沙丁鱼活着回到渔港。可是尽管渔民非常努力，绝大部分沙丁鱼还是在中途因窒息而死亡。不过有一条渔船却总能让大部分沙丁鱼活着回到渔港。船长严格保守着自己成功的秘诀，直到船长去世，谜底才揭开。原来船长在装满沙丁鱼的鱼槽里放进了一条以鱼为主要食物的鲶鱼。鲶鱼进入鱼槽后，由于环境陌生，便四处游动。沙丁鱼见了鲶鱼十分紧张，左冲右突，四处躲避，加速游动。这样沙丁鱼缺氧的问题就迎刃而解了，沙丁鱼也就不会死了。这样一来，一条条沙丁鱼就活蹦乱跳地回到了渔港。这就是著名的“鲶鱼效应”。

水的变化。我们看到的地面水，会由于温度变化结冰或者变成水蒸气，然后变成雾、云，再变成雨落入地面、融入江河湖海，或者渗透到地下形成地下水。这个过程说明水的形态会随着环境的变化而变化。

随地吐痰。在一个人多且非常整洁的酒店大厅，你会随地吐痰吗？不会，因为这很丢人，而且这个大厅本身干净得让你不忍心伤害它！

自助餐厅。国外有个自助餐厅，报道上说每个就餐完毕的人离开后，桌面都干净得如同没有人在此就餐过一样。于是有些人开始说，这些外国人真有涵养，咱们中国人做不到。诚然，就餐完毕收拾好，这确实是涵养和修为问题，但如果咱们国人也去那里就餐，我相信咱们也能做到如同无人在那里就餐过一样。为什么咱们也可以呢？很显然是环境的力量使然！

游泳池。在游泳池或者海边沙滩，女士们都穿着比基尼。而在大街上或者公司，大家会穿着比基尼吗？不会，这关乎社会风俗和别人对自己的评价！

以上都是通过“环境的力量”去“造一个场”，由此去影响人、吸引人的案例。

要把一个员工培养成不可替代的人才，企业需要学会造场，让人置身其中，产生一种感觉、一种精神，形成一股气，支撑身心，开始飞翔，让生活变得充实、有滋有味。

产品和商业模式是可以模仿的，但文化却是独一无二的。建立好的企业文化，是企业“良序运营”的核心之一！

企业文化是一个企业在长期经营实践中凝结、积淀起来的一种文化氛围、价值观念、精神力量、经营境界，是一种广大员工都认同的道德规范及行为方式。

企业要发展，短期靠销售，中期靠产品，长期靠文化！

企业文化，首先是文，形成文字；其次是化，进行深化。企业文化在企业中的体现有几种形态：

无文无化：既没有企业文化意识，也没有进行过关于企业文化建设的行动。

无文有化：虽没有形成文字，但进行了一些关于企业文化建设的行动。

有文无化：虽形成了文字，比如挂在墙上，但形同虚设。

有文有化：既形成文字，也进行了很多关于企业文化建设的行动。

企业这个组织，如何成为一个卓越的组织呢？我们一起来探寻世界上力量最强大的三种组织形式，看看它们的生存密码是什么。

二、执行力最强的组织：军队

一提起军队，就让人想起：

“服从”！
“执行力”！
“说到就要做到”！
“军令如山倒”！
“一切行动听指挥”！
……

1. 军队给人的印象：战斗

军人，都要经过严格的军事化训练，如站军姿、齐步走、正步走、跑步走等训练，连被子、洗漱工具都有严格的摆放要求。

很多高中新生、大学新生都要进行军训。很多军人出身的企业家管理能力和执行力都很强！很多关于企业向军队学习管理的书、互联网的文章、培训资料，都成为企业家争相阅读的对象。《向解放军学习》这本书就卖得非常好！书里面有如下知识点：

- 组织的效率来自执行能力，执行能力就是“服从命令听指挥”。
- 没有统一和规范，执行就是一句空话。
- 对于一个组织来讲，“不能干什么”比“能干什么”更重要。
- 即使是蹩脚的计划，如果能彻底执行，也比优秀但执行犹豫不定的计划要好很多。
- 高标准、严要求：啃骨头和吃肉。
- “折腾”是组织考验人的忠诚度的手段，“折腾”是一种幸运。
- 把干部放在艰苦地方，赋予“急、难、险、重”任务，这才有立功的机会。
- “我是一个兵”的归零心态。

军队是如何打造出执行力的呢？

执行力，是一种习惯，是被训练出来的。

军队的日常训练、吃饭排队、衣食住行都要求规范化、标准化、统一化，最终让士兵形成一种习惯、一种素养，甚至是一种本能！

企业向军队学习，是否说明企业的日常行为也需要有“标准”，也需要“统一”，也需要通过不断的“训练”形成一种“本能”的执行力呢？是的，企业可以借鉴，也可以做到，就看企业管理者们是否下定决心这么去做。遗憾的是，对于企业的日常行为训练，很多企业管理者不是很关心，他们只关心他们所谓的大事，长此以往，就谈不上形成什么好习惯了，有些员工甚至还染上了非常糟糕的习惯，而这习惯，是企业管理者最头痛的。

2. 军队特征

以塑造责任感、使命感、荣誉感、国家民族感为核心；强调绝对服从，杜绝个性化；统一思想，统一行为。

三、最有凝聚力的组织：家庭

家，是最温馨的地方。

家，这个最有凝聚力的组织，到处充满着关爱！

案例：地震中伟大的母爱

年轻的母亲正在温馨的家里一边织着毛衣，一边用脚轻轻拨动着摇篮，摇篮里的孩子甜甜地睡着。突然地震发生了，母子一同坠入废墟和黑暗之中，万幸的是，母子都没有受伤。母亲把孩子紧紧抱在怀里，等待救援。几天过去了。孩子吃尽母亲双乳里最后两滴奶，哭声渐渐衰弱。再不获救，孩子将因渴死而先于母亲而去。绝望中母亲两手乱扒，企图从钢筋水泥中获取食物。突然，她的手触到了织衣针，她心中一阵狂喜：孩子有救了。

一周之后，母子俩终于重见天日，孩子安然无恙，母亲却永远地闭上了眼睛，脸色苍白。人们惊奇地发现，母亲每个手指都被扎了一个小孔，孩子是靠吸吮母亲的鲜血存活下来的！

思考：

为什么妈妈越打孩子，孩子把妈妈的腿抱得越紧？

员工在企业上班，老板给员工付工资，老板能以此为理由打员工吗？

案例：向老干妈学习"家庭化"

贵州老干妈，这个由普通的农妇陶华碧女士创建的企业，短短6年内资产便达到了13亿元人民币，当记者采访她时，她回答说"我没有文化，但我当过妈"。这句话被管理界奉为经典。

虽然没有文化，但陶华碧明白这样一个道理：帮一个人，感动一群人；关心一群人，感动整个集体。她知道感情投资能行，名正才能言顺。这种亲情化的"感情投资"，使"老干妈"的凝聚力一直只增不减，在员工的心目中，陶华碧就像妈妈一样可亲、可爱、可敬；在企业里，没有人叫她董事长，全都叫她"老干妈"。

许多企业老板整天板着脸，他的员工也是"做一天和尚撞一天钟"，普遍存在"保姆心态"，你给我多少钱，我就干多少活。我经常在课堂上讲，我们的企业主在培养人才的过程中，焦点如果不在经营成果，而在人才培养本身，把员工当成自己的亲人一样对待的话，效果也许就完全不一样了。比如当员工迟到时，是批评员工不守时违反公司规定好呢，还是站在亲人的立场，教育员工应该学会对自己的行为负责好呢？大量的事实证明，当管理者用心帮助员工成长时，员工的心是可以收服的。这些帮助行为无不体现着关心和浓浓的情感，这一切的根源都是企业中融有浓浓的"爱"。

因为爱，所以爱。喜笑怒骂都是爱！

有爱才有家，有家才有凝聚力！

四、最有学习力的组织：学校

我们都知道学校是教育和培养人的地方！

通过学校的教育，一个小孩子可以慢慢成长为一个有能力的人。我在上海待了5年，当时带着孩子去找幼儿园。由于孩子一口四川话，我担心孩子不习惯普通话，旁边的一位日本母亲操着汉语告诉我："放心吧，我的孩子起初说的是日语，上学没多久他就能流利地用普通话交流了。"

学校通过教导思想、传授知识、塑造行为，借助考试、评比等手段，打造了一套坚实的教育培训系统，因为这套系统，学校成为最有学习力的组织、最能培养人的组织！

企业，是员工实现梦想的舞台。企业需要的是人才，企业主尽管可以意识到这点，但很少有实质性的行动和有效的方法！这就造成了企业人来了又走、走了又招，关键时候想用人，却无人可用的局面。

企业的责任，就是让员工不断成长，打造一套可以复制的知识系统，给员工提供没有天花板的舞台，让管理可以无限复制下去！

学校特征：

以培养人为核心，关注从"数字"到"能力"的提升；教导思想、传授知识、塑造行为；运行一套考试、评比+专业坚实的教育系统、教材+老师+学习的机制。

通过对三大组织的学习，我们可以借鉴到：

军队—训练—战斗力
家庭—爱—凝聚力
学校—教育—学习力

在信仰之上，企业需要形成"红色的战斗、绿色的家园、蓝色的学习"的场。

而人的需求是不一样的。我们大概把人的需求分为3种：
物质类、荣誉类和精神类。
正所谓**“君臣一体化，抱团打天下”**：

精神一体化——精神场
荣誉一体化——荣誉场
利益一体化——利益场

由此我们形成企业造场的理论框架，如图5-47所示。

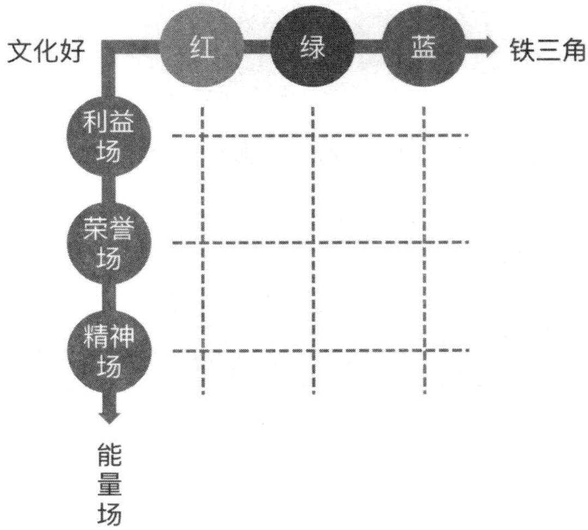

图 5-47 企业造“场”理论

关于国内企业文化方面做得比较好的培训在此给大家做一些推荐。一是原汇才的教练技术，二是上海师道的“教导型组织”。如图5-48所示，是教导型组织的培训导图，这是我参加的这么多培训当中，学员之间连接最紧密的组织之一。很多传统企业培训后回到企业，落地很不错，值得推荐！

图 5-48 “教导型组织”培训导图

企业文化四要素：愿景、目标、价值观、使命

一、愿景

愿景就是组织中的成员共同的愿意达到的愿望和景象，是根据企业现有阶段经营与管理发展的需要，对企业未来发展方向的一种期望、一种预测、一种定位。

1. 建立愿景的关键

伟大。没有伟大的愿景，没有正直而诚实的伦理和文化，企业是走不远、走不长的。只有拥有伟大的愿景，才能够取得认同，具有感召的力量，使人们跟从并且认同。凡是违背大众意志的愿景都将是不长久的。

共同。组织的愿景是每个成员都向往的，而不是某个人或某几个人向往的。

2. 愿景案例分析

任我行信息技术有限公司的愿景是“让每个企业经营好、管理好、文化好”。

为什么提出这样的愿景呢?

当前绝大部分企业都基本实现了有关账务管理的要求，随之而来的便是有关“人和事”的管理，在这方面大部分企业还处于比较混乱甚至比较原始的状态。对企业这个组织进行管理，把企业的内部运营管理水平提升上去，是企业目前最急需的。根据我们10年来有关企业内部运营管理的研究和成功的实践，我们觉得让“国家需要、企业需要”是我们自己的强项。

首先，它是伟大的。这个愿景的提出，表明我们不是仅仅追求赢利的公司。企业强则中国强，让每个企业经营好、管理好、文化好，推动企业实现管理提升的一场颠覆性革命，让每个企业实现套路化管理、透明运营，企业管理就不会那么难了。那将是一幅多么美好的画面。

其次，它是共同的。当企业做到推动国内企业实现管理提升的革命时，大家可以想象，组织中的大部分成员无论从精神上还是从物质上来说，都基本实现了自己的梦想。这是公司的愿景，也是每个成员的愿景!

二、目标

目标，是企业在实现愿景过程中的阶段性的成果。

拿我们自己举例：

指掌天下公司成立于1993年，当时提出的成为中小企业管理软件的NO.1这个目标，已经在2005年实现。由于公司在CRM协同类软件方面有10年的经验，有近3万家客户，不管是客户数量、产品成熟度还是客户口碑，已经成为事实上的NO.1。CRM协同类产品主要为成长型企业提供内部运营管理解决方案。

同时，“管家婆”品牌定位于中小企业，品牌知名度在进销存等账务管理领域较高，这也在客观上间接影响了我们定位于成长型企业且目前很有竞争力的CRM在协同类软件领域的地位。因此，我们的产品目前已经成为一些中型企业、大型企业寻求成熟解决方案时的选择。任我行集团还成立了独立子公司，该公司的目标是成为运营型管理软件的NO.1，3年内以事实上的第一取得市场认可并成为品牌第一。

移动互联网时代来临，我们又设定了新的目标。面对云计算成为主流的今天，我们用任我行协同CRM去占据“私有化部署第一品牌”的品牌定位。同时，用两年的时间研发了公有云品牌“指掌天下”，定位于会营销的移动CRM，并牵手腾讯微信企业号。在2014年9月18日微信企业号公布的第一天，指掌天下以微信企业号第一家CRM的身份亮相。在微信企业号CRM领域，指掌天下以客户为中心连接内外的定位，也将继续引领这个市场。

三、价值观

价值观，是指一个人对周围的客观事物（包括人、事、物）的意义、重要性的总评价和总看法。像这种对诸事物的看法和评价在人的心目中的主次、轻重的排列次序，就是价值观体系。价值观和价值观体系是决定人的行为的心理基础。

人生价值观，顾名思义，就是关于人生价值的各种观点和观念。本质上是一种价值尺度，是以基本评价标准为中心的价值信念，并为一定的人生哲学或人生哲学思想所统摄。

企业价值观，是指企业在追求经营成功过程中所推崇的基本信念和奉行的目标。从哲学上说，价值观是关于对象对主体有用性的一种观念。而企业价值观是主导生产经营过程的价值取向及成员共同遵守的行为规范，是多数成员认可的，是企业全体或多数员工一致赞同的关于企业意义的终极判断。

当代企业价值观的一个最突出特征就是以人为中心，以关心人、爱护人的人本主义思想为导向。

简单地说，企业价值观就是“提倡什么、反对什么”的主张。

企业价值观是企业很重要的范畴，着眼点在人，在于营造一个有助于企业达到目标和愿景的环境。这个环境，是需要通过日常行为来修炼的。军人的“服从命令听指挥”“军令如山倒”，就是行为要求。企业价值观，是要经过多次传播、分享、要求来逐步深化的。

管理者的最高境界，就是管理环境，这个环境其实就是价值观的氛围。

四、使命

使命，顾名思义，使者奉命出行，即拿出生命的力量去行动。

使命，是超越生命的力量，是建立在强有力的价值准则、证据或强烈的愿望上决心达成某事件的程度和信念，是一定要实现的决心！

简单地说，企业使命就是组织成员用生命去行动的一种精神和力量！

信息化对企业文化的深化

文化，就是先文后化，即先形成文字后进行深化。

一、企业文化如何形成文字

很多企业家朋友在参加了一些培训，或者拜访了一些企业文化做得好的企业，或者看了一些书之后，很快就把自己的企业文化形成了文字。在形成文字时，请注意前面讲过的企业文化四大要素，但不一定非要刻板地去套用这四大要素。

案例：阿里巴巴的企业文化

愿景、目标：

成为一家持续发展102年的企业

成为全球十大网站之一

只要是商人就一定要用阿里巴巴

使命：

让天下没有难做的生意

价值观：

客户第一：关注客户的关注点，为客户提供建议和资讯，帮助客户成长

团队合作：共享共担，以小我完成大我

拥抱变化：突破自我，迎接变化

诚信：诚实正直，信守承诺

激情：永不言弃，乐观向上

敬业：以专业的态度和平常的心态做非凡的事情

形成文字后，企业需要对企业文化进行诠释和培训。我们制作了企业文化手册，同时还在公司官方网站上制作了企业文化专栏。除此之外，我们还聘请了专门的企业文化培训老师给员工讲课。

案例：指掌天下公司

愿景：
推动中国中小企业生态链共生共赢
目标：
服务 100 万家企业、做百亿企业
事业成功、人生成功
以这群人成就这个企业，以这个企业成就一群人
使命：
不仅让企业知道，更要让企业做到
价值观准则：
处事观：
三等功德予人钱财
二等功德予人关爱
一等功德予人智慧

逆境心态：

（1）态度比现实更重要。

（2）让人生最昏沉的时刻，化为永恒的精神财富。

（3）活在当下：有人看到太阳每天落下去，有人看到太阳每天升起来。

（4）怨恨是用别人的错误来惩罚自己，嫉妒是用别人的成功来折磨自己。

（5）在指责埋怨他人前，先想想自己在其中的责任。

三大理念：

（1）人以群分、志同道合。

（2）感性做人、理性做事。

（3）有效果比有道理更重要。

八项倡导：

（1）激情：只提建议不提意见！拒绝抱怨。弱者才会诉苦，强者永远找方法。

（2）承诺：不守承诺的人是不可靠的。

（3）负责任：承认是一种能力，承担是一种格局。

（4）欣赏：珍惜所拥有的一切，活在当下。欣赏自己、欣赏别人、欣赏团队。

（5）付出：付出是最大的自私。先付出后回报，算大账而不算小账。

（6）信任：信任自己，信任别人。

（7）共赢：没有成功的个人，只有成功的团队。

（8）感召：生命就是一场演说，既然走向舞台，就要抢占中央位置。

企业文化形成了文字，不等于企业文化就自动宣传出去了。我们要利用软件工具建立企业文化专栏进行宣传，让每个员工不仅仅从公司的文化墙上了解到，每天在办公桌前也能看到。

同时，我们对企业文化的一些推进方法也进行了归档管理，通过如晨夕会、工间操、每日心态管理、红色档案（三年战斗英雄、五年功勋员工、十年同壕战友）、生日关怀、运动会、春晚、创业故事、历史要事等各种企业文化建设途径沉淀下来，让员工切实感受到公司的文化手段和氛围。

成年人不需要被教育，但是需要时时被提醒。

下面介绍几个以文字为载体的企业经营管理实例。

二、心灵鸡汤

企业经营过程中，经常会遇到员工个人的负面情绪问题，这种负面情绪严重的时候会影响到整个企业的氛围。在这个时候，是当面批评好呢，还是当面引导好呢？我们的经验是，既不当面批评，也不当面引导，通过对全员的引导和感召达到“润物细无声”的管理境界。怎么做呢？就是管理者将自己的引导通过文章的形式进行发布，让全体员工认同，晓之以理，动之以情，必要时胁之以威。

这其实就是在员工出现失落、抱怨等行为时，给员工一碗“心灵鸡汤”，让员工时时被提醒，时时被激励，让这样的“心灵鸡汤”成为员工持续成长的精神粮食。

2006年底，为了更好地发展，集团公司决定把经营6年的CRM项目独立出来，以独立公司的形式进行运营，以创业者的心态去争取更大的成绩。这需要我们更加努力、更加拼搏，同时，也要更加节俭。有一次，一名被派往上海支持代理商工作的新员工因住宿条件没有想象中好而有所抱怨。我获悉后，只做了一件事情，即在公司平台上发表了一篇文章，这名员工看到后就被感化了。我把这篇文章分享给大家。

案例：创业型团队不能死在享受的路上

这个季度是我们为今年做准备的一个季度，一切都进展得很顺利，这是我们所有 CRM 人都值得骄傲的，也是值得嘉许的。

在这里，我很感谢我们团队中的每个成员，今生有缘我们走到一起共事。是你们用智慧的双手托起了这个新生的婴儿，是你们用不怕风吹雨打的坚强的水手精神护卫着这艘战船。我代表这个婴儿向各位表示感谢。

我们的路还很长，尽管我们不需要为生存发愁，但是，我们仍然需要节俭。尽管和集团总部相比，我们的待遇和条件没有什么是比他们差的，但我们还是要时刻保持吃苦拼搏的精神。珍惜我们目前所拥有的，因为我们CRM人唯一不缺的就是拼搏和创新。

还记得公司创立之初，我们的CRM总部仅仅是一个80平方米的小房子，我坐在一个6平方米的房间里，里面还有4张写字台。开发部就用客厅，服务部4个人使用的房间连椅子都不好挪动。

2007年，我们搬进了一个220平方米的房子；又用了一年多，我们搬进了软件孵化园。从那个时候开始，我们可以自豪地说，由于我们CRM人的拼搏和努力，我们在CRM市场领域取得了丰厚的成绩，已经成为CRM行业的领导品牌的我们，足以配得上这样宽大明亮，甚至气派的办公室。但是，我们才在第一个3年取得了我认为走上正轨的成绩，我们还需要有一种创业公司所必须有的精神。

我于2003年受命第一次到上海组建华东大区，当时我们11个人住在120平方米的房间里，大家睡的是通铺，现任副总裁和我住的是阳台，我们是每天最晚入睡、最早被吵醒的对象。今天集团公司已经成为中小企业管理软件领域的领导者，现在说起来真有点忆苦思甜的味道！

华东大区成为全国最好大区时，我们也只找了一个70平方米的住宿的地方，大家睡的是上下床，共用一个卫生间。要用时大家就轮流等，洗澡要专门找时间，早上还要排队。我和大家一起战斗，吃住一样条件。大家为了业务一直在省钱，省下来的钱用来搞活动和做广告。现在回想起来，很感谢大家的支持。我们集中办公，有时睡的甚至是地铺。每次出差，我们的同事都是2人一张床，那种感觉多年难忘。

当时任我行集团在全国也算是排在前两名内的，但我们心中只有一个目标：把华东作为屡次创造奇迹的大区。我们做到了！现在回想起来，也觉得没什么，也许是我本人对这些要求不高的原因吧。但至少比我大学毕业做第一份工作时和焊工住在温度高达 40 度、又脏又臭且没有电扇的宿舍强 10 倍。我们 CRM 人，也在陆续向外扩展了，尽管我们没有能力为大家租很好的住房，但我们还是努力为大家承担水电费，不需要个人承担房租。

所以，下一个 3 年，我们将有更大的目标需要去挑战，还需要去克服更大的困难。也许古人说得好，天将降大任于斯人也，必先苦其心志，劳其筋骨。当你来到 CRM，我想套用马云的话对你说：你比在别的公司也许苦、也许累，但 3 年后，你一定觉得比在很多公司强。

革命尚未成功，同志还需努力，今天的成果对我们来说已经是福气。写下这些，希望各位和公司一起，努力进取、锐意拼搏，去迎接让我们向往的又一个 3 年。号召全体将士，继续保持这样的优良传统和作风！

在此，向经常在外蹲点和出差的将士们，表达我本人的崇高敬意和内心的尊敬，我爱大家！

写到这里，我还想说的是，很多管理者都觉得写文章困难，不会写。其实有真情实感就是好文章，只要出发点是为了员工好，写出自己的真实感受即可。同时，互联网上也有很多我们需要的文章，大家可以拿来就用。

我们公司已经形成了自上而下分享文章的氛围，每一篇文章的背后都有无数发自内心的呐喊，这种正面的力量足以让每个人不消极，积极迎接挑战。

三、战斗檄文

在企业经营过程中，作为领导者，我们经常需要开会做动员，需要号召出战斗力。看过《亮剑》的人都知道，李云龙在每次的战前动员大会上都能够把大家的情绪充分调动起来，让大家信心百倍，这就是一种“领导力”。

在2010年初，营销总监发现年度合同推动出现问题，于是在出差的火车上写就了一篇“战斗檄文”。范文如下。

案例：论渠道合同推进的“统一模式”——写在华东签约定下××万之际

前场的将士们：

大家辛苦了！

隆冬之际，各位都在全力征战，公司为你们感到由衷自豪！

当下全国渠道2010年度渠道合同的工作，大家都在用心、用力地推进。这是个好现象，对比2009年度，我们又迈出了系统标准化操作渠道工作的坚实一步！

自15日开始，我发现了合同推进工作不是很理想，还需要更大的突破！

大家在这个工作上遇到困难和暂时受挫是正常的，不见得是坏事。但是对于目标，我们一定要坚定地夯实钢筋水泥，雷打不动！结合这期间自己的合同工作推进经验和大家的问题反馈，给大家简单做一个渠道合同推进的“三个统一”步署！

一、合同推进工作的“统一思想”：盘点过去、知己知彼、明确目标

这个工作是最为关键和重要的，比之我们的渠道政策重要得多！签订合同就好比男女双方要去登记结婚，拿到结婚证一样。这是一个面向未来共同生活的憧憬和目标。

因此，合同一定是建立在共同对未来的目标进行规划上的！比如：对方期望的利润、地位、尊重、成长、支持。

所以，要做好这个工作，可从三个方面去着手：

1. 盘点过去。耐心地、有主见地和代理商共同去盘点过去合作的历史，绝多数代理商会拿过去双方之间合作做得不好的原因来讲。我们需要做的是面对过去合作的历史，认真而诚恳地剖析和接纳对方的倾诉。我们要做的就是接受和理解对方的感受，理解对方的心理，理清过去的障碍，协助对方去规划未来。

盘点过去的不足，是为了让我们更进一步理清可以改善和加强的地方。

2. 知己知彼，整合资源。有准备地了解到对方的一些数据（比如过去一年的回款、销售情况，对方公司目前的人力资源情况、当前的客户资源情况乃至当地市场的情况和接下来一年的公司发展思路和目标想法），并且要在和对方谈的过程中去求证。在这个工作中，更多的是帮助代理商去思考可能性。

3. 面对未来，明确目标并分解到具体行动。最好是当下马上有个双方承诺的行动，这种承诺就直接表达了我们改变过去做法的一种担当，在与好几个代理商的沟通中，做得好的大区经理都是这样展示的：

A.CRM 公司 2010 年度全新的战略调整、组织架构、产品线架构的展示分析（重点突出公司已经是朝着具有更大挑战性的目标方向去支持和运作渠道，一是给对方支持的信心，二是拒绝不合理的触犯到原则性的问题）。

B. 逐步明确任务目标：全力改善过去的做法，明确对方可以投入的资源，同时，提出公司的期望及目标，征询对方的想法，让双方都为了共同的目标去奋斗，并最终达成一个双方都明确的任务，并分解到季度。

二、合同推进的“统一标准”：无规矩难以成方圆，游戏规则要明确

在目标明确的前提下，要快速切入合作的游戏规则部分。这个部分，要点是明确双方游戏规则，让对方知道游戏规则的底线，以

及完成目标的关键工作指标是什么。

需要做的有3个工作：

1. 至少要提前5—7天给代理商合同样本，并且中间要提醒代理商认真看。××代理商就是一个例子，对方已经把我们合同条款都分析了一遍。这样，我们双方就可以快速进行沟通，节省时间！

2. 自己要非常熟悉和理解合同条款，不能有模拟两可的地方，因此要特别提醒几个关键点：……（机密部分省略）

3. 给出几个完成任务的共同工作KPI指标：……（机密部分省略）

三、合同推进的“统一行动”

明确当下（1季度内以及20天内）要马上切入做的工作是什么。

（机密部分省略）

以上三个统一，希望能够在当下的工作中，对各位有所帮助。请务必保持畅通沟通和日清日毕，不要让问题和障碍“过夜”。

加油并保重自己，前场的将士们！

“3年征途，5年辉煌”，事业成功、人生成功。活在社会上，要有一个像样的活法，活出CRM人的精神来，为自己的尊严而战，为自己的荣誉而战，提前祝贺各位向标兵××看齐，打个大胜仗凯旋归来，我在总部备酒等着各位，一起去庆祝因我们的努力奋斗而得来的成果。

2010年1月10日
南京到上海出差征途中

四、舞台文化

人生就是一个舞台，企业是员工实现梦想的舞台。这句话看似简单，但企业管理要做到无处不在的渗透却不容易。我们多年的实践经验证明，通过信息化平台搭建员工的舞台非常有效。方法是，让每个人都能够去展示自己，企业管理要营造出各种竞赛氛围。

既然是舞台，就需要观众。卡耐基说："人们穷其一生，都在追求别人的赏识与认可。"既然需要观众，就得把舞台搭大点。比如销售冠军榜，如果只是贴在办公室里，那么各地分支机构如何能知道呢？如果把代理商、客户甚至公众都拉进来，大家想想效果会怎样。

在我们公司，到处都充满着竞赛，到处都充满着"员工秀"。员工会把自己的工作成果或者学习成果拿出来秀，管理者会找标兵来秀，营造出一种"战斗的企业、战斗的人"的氛围，你追我赶。这样的氛围还扩大到全国上千家代理商，这些代理商每天和我们共用一个平台，代理商之间也在秀各种市场活动，全国各地都在用尽脑子创新，谁也不愿意输给谁，同时这些"秀"也是大家互相学习的好素材。

在一个年度渠道会议上，酒过三巡后，突然一代理商站起来挑战另一代理商。人都为了面子，谁怕谁，被挑战的代理商就开始接招，其他代理商就开始买马。第二天，公司的软件系统上就出现了这则报道，引起了无数人顶帖。PK的双方以宣言的形式激发了代理商的员工，一定要帮助老总打赢这场PK。

案例：打响开门红，虎年我为王
——PK风潮来袭之华北篇

2009 年是任我行 PK 文化在全国合作伙伴中广为传播、深入根植的一年，从市场活动中的分组竞赛，到客户会议上的名词之争，PK 处处可见，传播显效。2010 年伊始，PK 文化旋即在全国蔓延，一时间引发了省份与省份、城市与城市、公司与公司、部门与部门、个人与个人之间的PK，现在这股强劲的PK风潮已迸发出蓬勃的生命力，推动我们无限接近设想的业绩目标。春雷乍响，硝烟弥漫，全国已是“炮火喧天”，如虎啸龙吟。

其中，华北大区一马当先，在渠道峰会中成为当仁不让的第一。青年才俊与恭谦儒商，双方的拥趸纷纷买马以表支持，“大战”一触即发！

2010年，谁将最终获胜，赢取全部奖金？让我们拭目以待！

在这里，我特别给大家分享一个观点——“笔杆子里面出政权”。

毛主席说，枪杆子里面出政权。对今天的企业，我要说的是“笔杆子里面出政权”。怎么讲呢？企业一把手或管理高层，可以利用企业内刊和信息化平台作为企业的传播载体。我在公司的软件平台上开通了我的博客，基本上是每周两篇文章，尽管我经常不在公司，但是员工却能时时听到我的声音。当员工失落时、抱怨时、缺乏激情时，管理者可以在恰当的时候写一篇文章去鼓舞他们、引导他们、激发他们。员工称之为每天的“心灵鸡汤”。

对于有很多分支机构的企业，以及有很多代理商的企业，管理者要善于利用信息化工具去做到这点。

让企业这个“组织”统一思想，就是指建立企业的文化。从人性出发，让大家思想上认同、情感上支持，树立共同的愿景；建立符合企业自身发展需要的价值观体系，让成员有一种使命感，用行动去实现企业达到愿景过程中的每一个阶段目标。

如图5-49所示，企业文化的深化，可以借助信息化平台，利用文章的力量去进行传播。当管理者的声音足够大时，当员工都自发地开始分享和展示自己时，企业的氛围就悄悄地发生了变化。

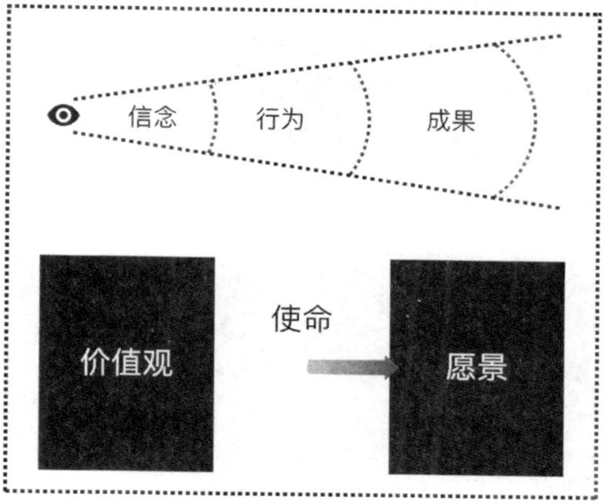

图 5-49　企业文化的深化

愿景，好比一座金山。

价值观，好比是否愿意获取金山的理由。

使命，好比到达金山必须经过的火海。

总之，使用企业微信的原生功能和企业微信小程序中研发的功能的核心目的是：

让组织互联网化！

让组织高效沟通、高效协同！

让组织更年轻、更时尚！

搭建起一个诗一样的办公环境！

企业微信专为企业而生，是企业生态链连接内外的必需的一环。

让企业从董事长到部门经理到一线员工到生态链上的各级客户，做到企业生态链实时在线。

同时，虽然企业可用于办公的软件很多，但是我们还是建议：企业需要实现“办公系统+ CRM系统+ B2b订货系统+ B2c零售系统+会员CRM”的一体化。因此，我们郑重推荐企业微信+微信+小程序的技术生态，因为只有企业微信+微信+小程序才能连接企业内外。

企业微信是企业办公系统的最好选择！

后记　移动互联网软件选择建议

作为一个从业20多年的管理软件老兵，我想从客观的角度给大家一些选择建议：

1. 选择技术平台

在前面章节已讲过，由于企业不可避免地要连接客户，因此，我们主张选择企业微信+微信+小程序；其他软件平台基本上只能解决“内部”问题。

2. 选择整体方案而非孤立的软件

目前市场上研发商很多，但大多数只有一两个产品，无法给企业提供整体解决方案。比如，有的企业只做CRM，有的企业只做办公，有的企业只做商城。事实上，企业需要实现“办公系统+ CRM +订货商城+零售商城+会员CRM + ERP”的一体化，尤其是在ERP集成上，简单的API集成是无法达到效果的，而企业的ERP系统基本上被用友、金蝶、管家婆占据了起码80%的份额。企业的移动互联网选择必须从能够深度集成的软件中选。

3. 选择能盈利的厂商而非靠融资活下来的厂商

由于移动互联网领域新兴公司比较多，建议大家在选择过程中，核心考虑要素选择是否能够盈利，尤其是对靠融资来生存的公司而言。因为大部分融资企业为了能融到下一轮资金，甚至不惜把企业当成猪仔变卖。我不希望大家最后的结局是：选择一套企业经营管理软件后研发商已经不在或者易主。

4. 选择专业化服务和本地服务而非远程服务

选软件就是选服务，企业运营管理软件过程中大多数情况下需要本地化服务。而如今能够建立起全国地区级城市服务网络的软件研发商尚属凤毛麟角。